養老教授、異議あり！

『バカの壁』解剖診断

柴崎 律

Shibazaki Ritsu

社会評論社

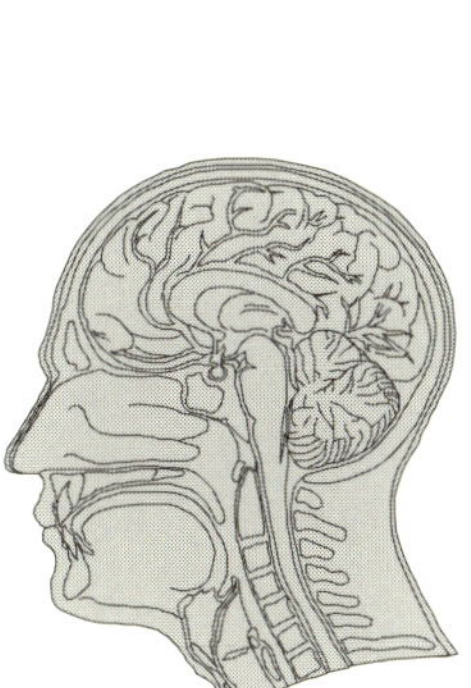

養老教授、異議あり！　『バカの壁』解剖診断＊目次

プロローグ

「養老孟司」の名を知ったのは、たぶん一九九〇年代の半ば頃だったと思う。どのような経緯でその言説に接したのかは忘れてしまったが、「精神と脳の関係についていえば、脳は本という実体であり、精神はその本に書かれた文章のようなものだ」といった意味の養老教授の言葉、に強く印象づけられたことがあった。

ただ、それはそれだけのことで、養老教授の著作に接することはほとんどなかった。ところが、ここにきて例の『バカの壁』現象の激発である。私は『バカの壁』を一読後、その書の人間論的な根拠を展開しているのではないかとの期待を込めて、『人間科学』をとある書店で買い求めた。私も人間科学という一つの学問ジャンルがあるべきだという思いがあった。

その時である。小さなその書店には『人間科学』はなく、注文取り寄せを求めたところ、熟年の女性店員が「養老先生のはすごいですよね」と笑顔で話しかけてきたことを憶えている。

私を養老ファンの一人と見なしてのお愛想であるには違いないであろうが、私はファンの一員と見なされては心外だ、という気分と、「すごい、ってなにが凄いのだろう?」との思いで、店員には生返事でお茶を濁し、足早に書店を出たのだった。

その店にはたしか「養老コーナー」があったところを見ると、要するに「凄いというのは養老本の売れ行きの凄さということなのだろう」と遅ればせながら気づいた次第である。

養老本の大人気が果たして「養老思想」の普及に繋がるのか、それが現代日本社会の構造や市民意識の実相とどうリンクするのか、しないのか、といった問題は、多くの媒介環を解き明かしていくことなしには分明にはならないであろう。

養老孟司教授は、一九三七年に神奈川県に生まれ、一九六二年、東京大学医学部を卒業している。卒業後も解剖学研究の道を進み、東京大学医学部教授となる。一九九五年に退官後は、北里大学大学院教授として現在に至っている。著書の、主なものと挙げると、例の『バカの壁』(新潮新書)の他に、『形を読む』(培風館)、『唯脳論』(筑摩書房)、『身体の文学史』、『解剖学教室へようこそ』(ちくまプリマーブックス)、『人間科学』(筑摩書房)、『まともな人』(中公新書)、『死の壁』(新潮新書)、『養老孟司の〈逆さメガネ〉』(PHP新書)、『いちばん大事なこと—養老教授の環境論』(集英社新書)、『記憶がウソをつく!』(共著、扶桑社）などがある。

私は、これらの養老教授の著書を通覧し、それらの内実を念頭に置きつつも、とくに『バカの壁』を中心に養老教授の言説を徹底検証し、その思想を解剖する。

本書は五つのパートから成り立っている。

第Ⅰ部「脳とコンピュータを同一視する人間機械論的発想の危うさ」は主として『バカの壁』を分析対象とし、人間の心と行動を脳の解剖学的構造から直接に導き出そうとする養老教授の思考様式の徹底批判が試みられる。

第Ⅱ部「言語本質論を欠いた怪しげな養老式言語論」では、養老教授の言語論が俎上に載せられる。それは養老教授の独自の感覚論と奇抜なアナロジーから成り立つ恣意的な「理論」であることが解明され、同時に筆者の言語観が提示される。

第Ⅲ部「方法としての還元論と科学観はどこに帰結するか」は養老教授の基本的な思考態度であるところの自然科学的還元論が批判的に分析される。この還元論ゆえに彼の情報論、個性論、都市と田舎の対比論がいかに混迷しているかが明らかにされる。

第Ⅳ部「唯脳論・唯幻論・唯物論をめぐって」は、『バカの壁』の基本思想が最初に展開された『唯脳論』、岸田秀の「唯幻論」が取り上げられるとともに、筆者の唯物論思想が同時に提示される。

第Ⅴ部「なぜ、小泉首相や石原都知事と通底するのか」は、養老教授の通俗的な常識論が人権と触れあうことのない根拠が開示され、『バカの壁』が現代日本の退嬰的な状況そのものの象徴であり、それをいっそう深刻化させるものでしかないことが明らかされる。ところで、現在の日本は「失われた十年」などといわれて久しい。景気回復が言われているが、それは米国市場、中国市場の活性化という外的要因に依存したものにすぎず、右肩上がりの経済成長は望むべくもない。

小泉首相の「構造改革」（かけ声倒れに終わった？）も「改革」反対論も、旧来型の経済成長の夢をもう一度、の発想に支えられているという点で同罪と言わざるを得ない。現代資本主義と産業文明の病弊たる大量生産、大量消費、大量廃棄の構造を変革する時代的要請には一顧だにしない。

この意味での真の改革をすすめるためには、経済成長主義そのものに終止符が打たれなければならない。「成長の限界」思想が提起されて三〇年を優に越えるのである。成長至上主義を超えるための「失われた十年」としなければ、日本人は歴史から何も学ばなかったとの後世の指弾を免れないであろう。

経済成長に陰りが見えた八〇年代、「心の時代」ということが言われた。そして必然のごとく、心の大本である脳に注目が集まり、「脳の時代」とも言われるようになった。奇しくもコンピュータの普及と平行して脳の機械的解釈が一定の地歩を占めるようになる。養老教授の一連の論考はそうしたものだ。『唯脳論』以来の彼の歩みがそれを示している。

それにしても、養老教授が二〇〇三年に上梓した『バカの壁』は三六〇万部を越える近年にない大ベストセラーとなった。この本がなぜこうも売れに売れたかについては最後に考察するとして、この『バカの壁』を中心に彼の一連の著作の検討を通じて、現代の「最高の」売れっ子解剖学者の思想に肉迫してみよう。

I
脳とコンピュータを同一視する人間機械論的発想の危うさ

人間機械論といえば、まっさきに一八世紀のフランス唯物論の最も先鋭な論客であった医師ラ・メトリを挙げなければならない。ラ・メトリの『人間機械論』はその標題が示すとおり、人間についても唯物論を貫徹し、それが機械に他ならぬことを主張したのである。以来、生理学的唯物論を含め、機械的唯物論の歴史は長い。

それは中世を支配した神学的世界観への抵抗として一定の歴史的意義を有するが、現在の遅咲きの機械的唯物論は、脳科学の進展とコンピュータの登場に便乗して心理学や認識論を含めた精神科学の遺産をうち捨てて、現代版人間機械論を復活させてしまったといえる。

『バカの壁』（新潮新書）の帯には「話せばわかるは大嘘」とのキャッチフレーズが大書してある。歴史のＡＢＣを知る人間は、「話せばわかる」との言葉が、五・一五事件（一九三二年）において青年将校の襲撃を受けた時の宰相犬養毅が将校らに向かって放った言葉であることをただちに了解するであろう。といって、養老教授がどれだけこの歴史的な言辞を意識して論じたのかは明かではない。まして、ウルトラ天皇主義の将校に共感したわけではないであろう。

いずれにしても「話してもわからない」実感体験から論じ始めるこの『バカの壁』の主旨が、そのことによって何か内向きな、退嬰的な雰囲気を醸成させることを暗示しているのは確かである。

この問題については後ほど触れることになろうが、ここではまずは、「話してもわからない」という「壁」なるものを、養老教授がどのように論理的に導きだしているかを仔細に見ておこう。

それは彼の基本的な人間観と深く関わる問題だからである。その基本的な人間観とは、結論的に言って、「人間はしょせん計算機」という人間機械論以外のなにものでもない。彼はいう。

「ここで言えるのは、基本的に人間は学習するロボットだ、ということ」（『バカの壁』九四頁）、「脳も入出力装置、いわゆる計算機と考えたら当たり前です。普通はそう考えないから、一次方程式に置き換えると違和感がある。人間はどうしても、自分の脳をもっと高級なものだと思っている。実際には別に高級じゃない。要するに計算機なのです」（同、三九頁）

彼は脳とコンピュータは違うという社会的「偏見」に抗して「コンピュータと脳を、世間で思われているていど以上に同一視していいと考えている」（『人間科学』、筑摩書房、三一頁）。入力と出力でコンピュータの機能はすべて説明できるのに対して、「脳においては、すべての情報はニューロンの興奮、すなわちインパルスに関連した『なにか』に翻訳されるとしか考えられない。脳のなかには、いまのところそれ以外の明瞭な機能単位は見つかっていないからである」（三一〜三二頁）という。

要するに脳もいまのところの研究では、入力・出力といった機能単位しか認められないから、脳とコンピュータを「同一視していい」というのである。

養老教授の説明を要約すると次のごとくである。脳内の神経細胞（ニューロン）はどのような働きかたをするかというと、神経細胞自体は興奮するか否かのどちらかしかない。

その興奮が繊維を伝わって次の神経細胞に刺激を与える。この時、刺激を受ける神経細胞は一つの細胞から刺激を受けるのではなく、一〇〇〇ぐらいのたくさんの細胞からさまざまな刺激を受けていく。

この刺激を受ける細胞は、刺激の総和をとって、その総和がある閾値に達したときに、今度はその刺激を受けた細胞がシナプス（神経細胞と神経細胞の接触部分のこと。ひとつの神経細胞に一〇〇〇から一万ある）を介して反応する。こうした神経細胞の伝達過程を疑似的にコンピュータで作ろうというのが「ニューラル・ネット」という試みである。

養老教授はこのような「ニューラル・ネット」を取り上げ、その学習曲線（横軸に試行数、縦軸に学習測度をとり、学習過程をグラフ化したもの）が生身の子どもが字を憶える時の学習曲線とほぼ同じだ、ということをさも重大な発見であるかのごとく語っている。

私に言わせれば、学習曲線なるものは人間の複雑な認識発達のプロセスを、その一断面のみを切り取ってきてさらに数値化し、それらを操作したうえで創り上げた仮象の総体である。学習曲線を描く段階で人間の学習の本質をそぎ落としてしまっているのである。

養老流人間機械論の驚くほど貧しい世界は、これからじっくり紹介したいが、彼は彼流の機械論的思想にもとづいて社会、世相批判を試みるが、人間機械論でフォローできない部分は常識論、それもかなり質の悪い意味でのそれで床屋談義よろしく放言、暴言を繰り返している。二一世紀初頭の日本を襲った養老現象とは、実はその程度のものにすぎないのである。

[1] 脳の一次方程式からは人間の心や行動は解けない

これはある意味では予想されたところであるとともに、その論理構造からして意外でもある。これ、とは何か。それは養老教授が公然たる人間機械論を表明していることである。人間機械論といえば、まっさきに一八世紀のフランス唯物論の最も先鋭な論客であった医師ラ・メトリを挙げなければならない。ラ・メトリの『人間機械論』はその標題が示すとおり、人間についても唯物論を貫徹し、それが機械に他ならぬことを主張したのである。以来、生理学的唯物論を含め、機械的唯物論の歴史は古い。

それは中世を支配した神学的世界観への抵抗として一定の歴史的意義を有するが、現在の遅咲きの機械的唯物論は、脳科学の進展とコンピュータの登場に便乗して心理学や認識論を含めた精神科学の遺産をうち捨てて、現代版人間機械論を復活させてしまったといえる。

機械的人間論は、機械的というだけあって人間の目的意識や自由意志という人間論にとっての不可欠な要素を無視・排除するところにその真骨頂がある。脳を対象に論じると、現在のアカデムズムに属するか、それともそれにつながる人たち——養老教授もその一人以外でない——の間では認識理論の不可欠性の自覚が極めて希薄ないし絶無であるからして、必然的に脳の解剖学的構造から直接に人間の心や行動を導こうとするのは当然のごとく予想されたことだからである。「予想された」とはこのことだ。

同時に、にもかかわらず、脳と身体、都市と自然（田舎）を機械的に対比したうえで、後者すなわち自然を持ち上げ、人為を排する立場を鮮明にしている彼が、人為の極北ともいうべき計算機、コンピュータから人間の心と行動を解明しようというのだから、その点では意外という他はない。その論理構造からして意外であるとした所以である。

ともかく、養老教授としては、人間の認識と行動を計算機あるいはコンピュータのような入力と出力で把握する以外にない。いうまでもなく、こうした人間観はまずもって、養老教授のオリジナリティでもなんでもない、ということを確認したい。「大言語学者」チョムスキーがそうであったし、スティーブン・ピンカーがそうであった。ピンカーはその

『言語を生み出す本能』（ＮＨＫブックス）において、言語は本能であり、歴史的に進化してきたとする言語本能の生物進化論を主張し、あげくの果てに言語の核となる文法も文法遺伝子によって形成される、などと述べていた。

養老教授は、「バカの壁」なるものを導きだす根拠に、彼が過去に行った講義での体験を持ち出している。イギリスＢＢＣ放送が制作したある夫婦の妊娠から出産までの詳細を追ったドキュメンタリー番組のビデオを薬学部の学生に見せたうえで、その感想を出させたという。

その結果、男子学生と女子学生とでは際だった違いが判明したというのである。「大変勉強になりました。新しい発見が沢山ありました」（『バカの壁』一三～一四頁）というのが女子学生。これに対して男子学生は一様に「こんなことは既に保健の授業で知っているようなことばかりだ」（同、一四頁）と正反対の結果が出たというのである。

知的レベルの差のない男女に、なぜこのような違いが出たか、と自問し、それに対して、養老教授は一つの情報に対する姿勢の違いを強調する。つまり、女子学生は自分が将来子どもを生む可能性が高いことから積極的な姿勢でこの情報に臨んでいるのに対して、男子学生はそういう可能性は最初からないので知りたくない。そこで彼らは、否定的消極的にその情報に対しているにすぎない。彼はそしてこう結論づける。「自分が知りたくないことについては自主的に情報を遮断してしまっている。ここに壁が存在しています。これも一種の『バカの壁』です」(同)。

こうした一般的指摘なら、これまでもあったに違いないと思われる。しかし、養老教授の「オリジナリティ」は、こうした一般的指摘に留まらず、人間の認識と行動についての数学的な一般的定式まで提起していることである。もちろん、「人間の認識と行動」というのは私の受け止めかたであり、養老教授自身は脳への入力と出力についての一般的定式のつもりなのである。

養老教授は、五官を通じて外界の刺激を脳が受けるのを「入力」、それを認識すること、さらに行動へ移していくのを「出力」と捉える。ところが、同様の刺激のなかにあって、個人個人によって行動が異なるのは誰も否定できないから、「入力」が同じでも「出力」が異なるということを説明しなければならない。

そこで養老教授は、脳内の一次方程式といったものを考え出すわけなのだ。つまり、入力をx、出力をyとする。これだけだと、x＝yとなってしまうから、同様の刺激を受けたら誰であろうと同じ行動に出ることになるが、実際は各人違った反応をしめす。それを把握するため、係数aというものを付加する。つまり、y＝axという一次方程式を考え出すのである。

この係数aとは何かというと、「現実の重み」（同、三一頁）だという。仮にaが0だと、y＝0×xすなわちy＝0となり、刺激を受けても反応なし、ということになる。aが0だと、どんな入力を受けても反応はない、あるいはこれまでの行動に影響はない、ということになるわけである。

養老教授があげている例はアラブとイスラエルの対立である。アラブ人のイスラエル批判についてイスラエル人は係数0だからどんな影響もない、ということであり、逆にイスラエルの主張についてアラブ人は係数0にしているから、聞いていても聞こえないのだという。つまり、現実の重みは全然ない、すなわち現実ではない、ということになる。

このように論じたうえで、養老教授は「話せばわかる」というのは間違いで「話してもわからない」という「バカの壁」を、こういう脳の一次方程式の係数aが0であるという形で説明するわけである。

ばかばかしいが、もう少し我慢してこの養老理論につきあうことにしよう。こういうふうにも説明している。町を歩いている、その道に虫がはっているとする。虫に気がついて立ち止まったり観察したりする人がいれば、一方で虫など無視して立ち去る人もいる。また、道に百円玉や馬券が落ちていたとする。それを拾う人もいれば、眼中にないように行ってしまう人もいる。刺激としては同じ入力ｘなのに、係数ａが大きい人もいれば０の人もいる（同、二三頁）。このようにみるわけである。

［2］個性がそれぞれの関心、行動を生み出す

問題はこのａの正体である。養老教授は「現実の重み」というだけで、例によって用語の定義というものをいっさいしない。したがって、読者は字義通りに受け止める以外にない。私は、ａを「現実の重み」とするのではなく、むしろその人間の人格、認識の特性、その人がそれまで積み重ねてきた体験から創られた人格に密接に関連した認識の特性とみなければならない、と考える。その認識の特性によって何に関心があるか、が決まってくるのであり、その関心のありようによって注意の方向と力量も決まってくる。

電車通勤をしているサラリーマンであれば、駅の販売所で新聞・週刊誌の衝動買いをした経験がまったくないという人は少ないのではないか。出勤前の慌ただしさのなかで新聞

を買う。夜、疲れた体を引きづりながらも「退職後の年金、これですべてわかる！」などの見出しが踊る週刊誌につい手が出る。

人それぞれで買う新聞や週刊誌が異なるであろう。同じ週刊誌を買っても、私などは「参院選の大予想」といった記事に興味をそそられるが、芸能人の離婚情報にかんする記事を読むつもりで手を出す人もいるに違いない。

そもそも、我々は、外界の刺激を認識に取り入れて一定の知識や感情、判断を創り上げる。しかし、外界からの刺激すべてを均等に受け入れるだけの認識容量は人間にはない。意識的か無意識的かは別として、外界からの刺激を自らの関心によって選択しているのである。

さらに選択している関心事についても意識的無意識的に優先順位をつけている。その関心は長年培ってきたその人の人格、特性、職業、生き甲斐、趣味、が何であるかということと共に、その時点でのその人の行動の目的によっても決まってくる。つまり関心のありかによって注意の向けどころが異なってくるのである。

外界の刺激をたしかにすべての人間は、五官によって認識にとりいれるが、関心のまとなるものについてはその関心に支えられて注意を向けるものである。五官によってうける刺激は感覚されるにすぎないとしても、その刺激に注意を向ければ、その刺激は直観され、人によって「おやっ」という風に自覚にもたらされるのである。関心のない場合は無視することになるか、気がつかないことになろう。

例えば虫がはっているのを無視して立ち去る場合でも、虫が大嫌いで避けた人もいれば、たんに無関心の人もいる。養老教授の公式からすれば、これらがいっしょくたにa＝0とされかねない。また、道に百円玉が落ちていても、まったく無視する人、拾いたい心を無理に我慢して立ち去る人、といろいろある。

馬券を拾う人だって、養老教授があげているような競馬好きで馬券を使おうとして拾う人もあれば、そのような実益ではなく、コレクションとして拾う人もいるかもしれない。別の強烈な関心事があって、その他のことは目にはいらず、耳にも聞こえないという場合もありうる。

私の職場で、ある同僚の噂話をしていたところ、その当の彼がすぐそばまでやってきてコピーを一枚とって、さっと行ってしまった。決して悪い噂話ではなかったが、彼は別のことで頭がいっぱいで、私たちの話に関心どころか、何ひとつ耳に入らなかったのである。

aという係数が介在してyという出力が決まるとするのは養老教授なりの人間観察なの

だろうが、ａという数字に置き換えられることを前提とするような機械的発想では人間行動の実相にはとても迫れないのである。人間行動を支えている認識のありかたは以上の例を見ただけでも限りなく豊かなのである。

シオニズム運動の総決算として第二次大戦後のユダヤ人入植とイスラエル建国以来、四次にわたる中東戦争とその後の泥沼のごとき相互テロルの大連鎖を見れば、アラブ人とイスラエル人の敵対関係の凄まじさは今さら言うまでもない。

養老教授が言うように、アラブ人がイスラエルの主張にａ＝０でいられるだろうか。むしろ激しい敵意を覚えると考えるほうが自然であり、そのまた逆も同様である。もちろん、ここでのアラブ人とイスラエル人という一般的対抗図も限定的に捉えられなければならない。アラブとイスラエル（正確にはパレスティナとイスラエルと言うべきであろう）との悪無限的戦争をやめにし、妥協と和平を臨むアラブ人、イスラエル人も少なくないからである。そうであれば、ますます、ａ＝０ということにならないはずではないか。

養老教授が認識の問題を脳の問題に還元し、その運動形態をｙ＝ａｘなるあやしげな一次方程式で表そうとしたのが、彼の限界であろう。

養老教授は『バカの壁』の第一章で科学の限界を強調し、科学信仰を戒めている。それなら、脳の一次方程式なるものが、きわめて限界のあるものであることを語るべきではないか。それがないのは、一方で科学の限界を論じておきながら、他方で数式を使い科学的装いを強力に利用するというダブルスタンダードを採用していると言われても仕方がないではないか。

一般に数式を用いれば、客観的、合理的、科学的であるかに押し出すことが出来るなど と、養老教授が思っているかどうか知らないが、数式は数学的処理が可能な対象に限定すべきである。

すでに述べた学習曲線も同様であるが、人間の認識、行動のように社会的な関連、文化的な関連が考慮されなければならない対象を分析・解明するのに数式を使用することについては、まずは眉につばをつけて受けとめるべきである。

［3］相対的な「壁」を絶対視する

結論を言えば、a＝0（あるいはa＝無限大）で立場が違う人からいくら主張されても、決して理解しないないし影響受けないという「バカの壁」を設定した養老教授の思考様式は、オール・オア・ナッシングの機械的非弁証法的なシロモノだということである。

いまは、キリスト教世界とイスラム教世界の間の「バカの壁」があると、養老教授は言いたいのかもしれない。しかし、戦後冷戦期の世界を支配した社会主義、共産主義と資本主義、自由主義の対立も、養老教授的に表現すれば「バカの壁」ということになろう。

それが情勢の変化によってゴルバチョフのペレストロイカが登場し、彼は社会主義も資本主義も人権と民主主義という「共通の家」で融合しうると考え、その結果「バカの壁」ならぬ「ベルリンの壁」が突き破られたのだ。そこに壁のような対立があったとしても、それは永久にあるわけではない。相対的な「壁」に過ぎないのである。

ロイヤー木村はその『リコウの壁とバカの壁』(本の雑誌社)で、養老教授の「バカの壁」論を批判し、壁にもいろいろあり、「リコウの壁」もなかにはある、ところが養老教授はすべてを「バカの壁」に同一視する点で混乱しているとしている。

私流に捉え返せば、木村のいう「リコウの壁」とは非敵対矛盾であり、「バカの壁」は敵対矛盾ということであろう。そういう意味で言えば人類社会、人間社会のなかで「バカの壁」という名の敵対矛盾を安易に想定すべきではない。すくなくとも敵対矛盾を非敵対矛盾に転化させる努力を惜しむべきではない。

イスラエルとパレスチナについてはすでに述べたが、イラク戦争や中東問題を契機にキリスト教文明とイスラム教文明との「文明の衝突」論を展開してその敵対を運命論的に捉える向きがあるが、私は支持できない。

民族対立と宗教対立のアマルガムが、考えようによってはかつての社会主義と資本主義のイデオロギー対立以上に複雑で厄介なのは理解できるが、それは人権理念を媒介とすることでその敵対矛盾を非敵対矛盾に転化させる以外にないのである。

私が「文明の衝突」論を批判するのは、人権理念それ自体が欧米文明、キリスト教文明にのみ合致するものであって、イスラム教文明と対立するなどというとんでもない錯誤に陥る可能性を潜めているからだ。

確かに抑圧民族と被抑圧民族の対立は敵対的であろう。抑圧を撤廃させる闘争は支持されなければならない。しかし、被抑圧民族も具体的にはさまざまな諸民族の集合なのである。アフリカ・ルワンダで起きたツチ族対フツ族の虐殺事件に象徴されるような被抑圧民族内部の争いに「文明の衝突」論が何の役にたつだろうか。

そこは、民族同権論、すなわちいかなる民族も他民族に抑圧されない権利を有するという人権の理念を基礎に、まさに平和共存、共生する以外にないのである。

また、これは宗教対立でも同じだ。キリスト教とイスラム教の敵対が宿命というならば、イスラム教シーア派とイスラム教スンニ派の対立も、カソリックとプロテスタントの、伝統的宗教と新興宗教の対立も宿命だということで永遠に殺し合うしかなくなるではないか。それは諸個人の宗教・信仰の自由という人権思想を相互に認めあって共生するほかは無いのである。

養老教授の「バカの壁」論が「イスラム原理主義とアメリカの対立」を例に挙げているのは象徴的である。それが一種の「文明の衝突」論であり、イスラム原理主義と米国の間に「バカの壁」を想定することがいかに罪深い見解か、ということを彼は自覚すべきである。

これは米国によるイラク侵略を正当化したり、あるいは逆の立場ではテロリズムを合理化することにしか役立たないからである。なにしろ相手は「話せばわかる」相手ではないからである。

養老教授が批判のターゲットにした「話せばわかる」という歴史に残る発言がどのように扼殺され、絶対主義天皇制の軍閥独裁への道がその後掃き清められたか、養老教授が知らぬはずはない。

いずれにしても、彼の「バカの壁」論は、歴史の教訓を軽視し、相対的な「壁」を絶対視してコミュニケーションの途絶を合理化する退嬰的な「理論」であることに間違いはない。いま、世界に存在する相対的な「壁」を、事実と論理の闘いと討論によって崩していく努力なくして人類の未来はないであろう。

［4］『唯脳論』以来の「脳思想」が欠落しているもの

ところで、養老教授が「バカの壁」を導きだした人間観とはなんであろうか。それは『唯脳論』以来の彼の独自の「脳思想」ともいうべきものを土台に成り立っている。まず彼は、思索するのは人間だけであり、それは人間の脳が巨大になったからだ、という。

「問題は、人間の処理装置が巨大になっているというところです。人間の脳はチンパンジーの脳の約三倍になっている。だから、大きなコンピュータ＝大脳が付いた。すると、今度は何が起こってきたかというと、外部からの入力で単純に出力する、というだけではなくなった。外部からの入力のかわりに、脳の中で入出力を回すことができるようになってきた。入力を自給自足して、脳内でグルグル回しをする」（同、七九～八〇頁）。

巨大になった脳は外界からの刺激を入力し、そして出力するという単純な構造ではなくなった、と付け加えるわけである。つまり、脳内での独自の入出力を繰り返すようになる。私なら眼前にないものまで想像することが出来るし、まったく現実ではない空想の物語を想像＝創造できるようになるというところだ。養老教授は人間の脳が巨大になったからだ、というのみでその理由・原因を語らない。また、こうも言う。

「そうすると、これだけ巨大になった脳を維持するためには、無駄に動かすことが必要なのです。とはいえ、常に外部からの刺激を待ち続けても、そうそう脳が反応できる入力ばかりではない。そこで刺激を自給自足するようになった。それを我々は『考える』と言っている」（同、八〇頁）

「考える」ということについても、巨大化した脳を維持するために、たんに外界からの刺激を処理しているだけではおっつかないから、入力を「自給自足」するようになった、その結果、「考える」という人間特有の現象も出てきた、というのだ。

しかし、人間の脳の巨大化という事実も生物史、人類史の結果であり、そういう脳の巨大化を導く人間特有の生活様式を問わないのは本末転倒ではないか。逆にいえば、人間の独自な生活様式、行動様式が思考という現象を生みだし、それが脳の巨大化を引き起こしていった、ともいえるのである。

ヒトはその他の動物と異なって、たんに自然の動植物をとって食べるだけに留まらず、道具を用い、自然素材を人間の生活に有用な形態に変化させるという合目的な行動つまり労働を通じて自然を再生産するようになった。それはたった一人のヒトで可能ではない。ヒトは他のヒトとの複雑な協力関係を作りながらの厳しい労働を通して言語を獲得していった。このようにしてヒトは人間、人類へと発展していったといえる。

動物の場合は自然の対象を認識する場合、おおよそにおいて、敵（危険）か味方（安全）か、食べられるものかそうでないか、とのかんたんな区別をすれば生きていけた。これに対して人間は、労働を通じて複雑な協力関係を作り、また自然を変革することで動物が区別するものと比較にならぬほど膨大な諸対象を自然のなかからつくり出していく。

つまり、それだけ相互に区別しつつ認識しなければならない事物が膨大になっていったということである。もちろん、そのことは言語が豊かになっていくということである。それが世代から世代へと伝承されていったのは言うまでもない。こうした認識や言語を担う脳が巨大化していくのも理にかなったプロセスであったと思われる。

養老教授に欠落しているのは、このような人類史的視点である。まず、人間は動物にくらべ脳が巨大になっているという事実から出発してしまう。そして巨大な脳を維持するために「考える」ことも出てきたなどというのだ。これは、結果を原因と取り違える錯誤である。

そもそも、養老教授は「考える」とか、思考というものをどのような内容において理解しているのか。まさに「考える」ということを「考える」ことが必要なのである。すなわちそれこそ認識の理論、言い替えれば「心の科学」が、養老教授がもっぱらとしている脳の解剖学とは相対的に独立した理論として、不可欠なのである。

それでは、どうして脳の解剖学的構造やその生理学的知見によって、認識＝心の運動の法則性を解明することができないのか。それは脳科学が発展途上だからなのか。

それとも、そうした脳科学のさらなる発展が見込まれる将来においては、心理学や認識論（心理学なるものは科学的認識論に解消されるものと考えるので、以後たんに認識論とする）が不要になるのか。

私は、認識論を反映論として捉える限り、それがお払い箱になることはあり得ないと考える。このことは、反映というものをいま一度捉えなおしていただければただちに了解できるであろう。

［5］脳科学によって人間の心、認識が解明できるか

ここで、脳科学によって人間の心、認識が解明しうるという見解を検討してみよう。ノーベル賞受賞者の利根川進は述べている。

「宗教とか哲学が対象にしてきたいろいろな概念とか問題は、脳科学がもっと進めば、説明がついていくだろうと思っています。脳の中のどういう物質とどういう物質が相互作用して、どういう細胞がどういう細胞と相互作用し、どういう細胞群がどういう性質をしめすようになるか、その結果、個体全体として、どういう現象がおこるのかということが微細にわかるようになり、DNAレベル、細胞レベル、細胞の小集団レベルとい

うふうに展開していく現象のヒエラルキーの総体がわかってきたら、嗜好、情感などという心の現象も、物質的に説明できるようになると思いますね」（『私の脳科学講義』岩波新書、一四八頁）

また、DNAの二重らせん構造の発見者で、これもノーベル賞学者のフランシス・クリックも「あなた——つまりあなたの喜怒哀楽や記憶や希望、自由意識と自由意志など——は無数の神経細胞の集まりと、それに関連する分子の働き以上の何ものでもない」（『DNAに魂はあるか——驚異の仮説』、講談社、一三頁）

これは最近私が一読することを得たユニークな書『心脳問題——「脳の世紀」を生き抜く』（山本貴光＋吉川浩満、朝日出版社）からの孫引きである。この書のユニークさは、脳科学をたんに批判しているということにはない。脳科学を科学として肯定しながら同時にその限定を明かにしていることこそ、この本の稀少価値なのである。

たとえば、山本らは錯覚という現象を検証して「脳がわかれば心がわかる」式の安易な脳還元論をきわめて論理的に批判している。錯覚とは事実とちがうように見たり聞いたりする誰もが経験する現象である。山本らは「落ちている木の枝が蛇に見えてびっくりしたり、お金が落ちていると思って拾い上げてみたらビンのフタだった」といった例を挙げている。

そのうえで、山本らは米国の神経科学者ニューサムらの実験を紹介している。彼らは、点のパターンが一定方向に動くようすを映したディスプレイを被験者の猿に見せたのである。猿には点が動く方向に眼を動かす訓練を施しておく。このようにして、点の動く方向を判断する課題を猿に与えるのである。

実験では、同じ方向に動く点の数と、関係のないさまざまな方向に動く点の数の比率を加減することで、この猿に課した課題の難易度を調節できるという。そしてニューサムたちは、こうした課題を通して猿のニューロン（神経細胞）活動を調べた。

ニューロンの活動は、微少な電極をさし込んで、その電位変化を捉えることで調べるのである。ニューロンが活動するときに、電位を一瞬だけマイナスからプラスあるいはゼロに変化させることから、その活動は「ニューロンの発火」と言われている。この場合は、猿の視覚を受け持つニューロンに電極を入れたのである。

ところで、視覚ニューロンには色に反応するもの、奥行きに反応するもの、運動に反応するもの、さらに特定の運動の方向だけに反応するものまであるという。そしてニューサムらの実験は次にような事実を明かにした。

上方向に動く点の運動を猿に見せると、上方向の運動に反応する視覚ニューロンが発火し、その猿は実際に正しい知覚判断を示したことを証明している。ところが、猿の知覚判断が誤っていて（錯覚していて）、たとえば本当は左方向へ多くの点が動いているのに、間違えて上方向と判断してしまった場合も、左方向の運動にたいして反応する視覚ニューロンではなく、上方向の運動にたいして反応する視覚ニューロンが強く発火していることが示されたというのである。

すなわち、上方向の動く点を正しく知覚した場合の視覚ニューロンの活動と、左方向に動く点を誤って上方向に動くものと錯覚した場合の視覚ニューロンの活動は、ともに上方向の運動に反応する視覚ニューロンが強く発火するということでは、まったく同じであるということである。

ということは、猿の知覚判断が正しいか間違っているかの証明は脳内の視覚ニューロンの活動を調べてもわからないということなのだ。その知覚判断の正誤を決めるのは脳内活動それ自体ではなく、脳内活動に基礎をおく認識と脳の外側つまり対象世界との関係であるからである。

猿だけではない。人間の場合も、「心の中で言葉をしゃべるときには実際に声に出して言葉をしゃべるさいに発火するのと同じニューロンが発火していることや、幻聴があらわれるときには実際に人の話を聞いているさいに発火するのと同じニューロンが発火していることが知られています」(『心脳問題』、四四頁)。養老教授も同様の事実を確認している。すなわち、

「リンゴという言葉を聞いて、また文字を見て、頭の中には『リンゴ活動』とでもいうべき動きが起こる。リンゴ活動とはどういうものかというと、現実のリンゴを見なくても同じ反応が起こる活動です。それは、リンゴの絵を描けというときに、視覚野を調べたらわかる」(『バカの壁』、七三頁)

つまり、実際にリンゴを目の当たりにしてリンゴの絵を描くときの脳内の反応と、実物のリンゴがなくてもリンゴを想像して絵を描く場合の脳内の反応は同じであって、脳科学は想像という事実、つまりイメージというものを説明できないことを自ら証明しているのである。

これは考えてみれば、そんなに複雑でも難しい問題でもないことがわかる。人間の心あるいは認識は対象との関係が問題となるのに対して、脳科学は対象との関連は記述できないからである。認識は対象の反映だという。反映のもっとも分かりやすい光学的反映を取り上げてみれば、私の言いたいのは簡単な事実だということが了解できよう。

つまり、水たまりを上から覗いたとき、自分の顔が映る事実は誰もが経験することだろう。自分の顔が映し出されているのは水のせいである。水たまりがなければ、顔は映らないに決まっている。

しかし、水たまりの水の物理・化学的性質や法則性をいくら研究してみても、その水たまりに誰の顔がどのように映るのかを論証したり、実証したりすることはできない。なぜなら、反映とは水面と対象（顔）との関係の問題であるのに、水をいくら調べてもそこに何が反映しているか、という対象との関係の問題は何一つ解明されないからである。

同じように、脳の解剖学的構造や脳内活動をいくら研究しても、脳が担う心、認識の内容は解明することができない。なぜなら認識とは対象の反映であり、そうした対象との関係の問題は脳それじたいをいくら研究しても分からないからだ。

山本らはその『心脳問題』で、もっと端的に指摘している。すなわち、

「わたしたちは、悲しくて泣いているときには脳内の感情中枢が興奮しているだろうことを認めることができます。脳科学の見地からすれば、それは感情中枢の興奮として記述されるほかありません。実際、あたりまえのことですが、感情中枢の働きをいくら探ってもそこにはおばあちゃんは登場しません。しかし、それと同時に、自分の悲しみは——脳科学にとってではなくあなたにとっては——大好きなおばあちゃんが死んでしまったことから立ちあらわれてくるということもまた確かなのです」(一一五頁)

認識とは、何かに対する認識なのである。まさに一定の対象がありその反映の帰結として一定の認識が形づくられるのである。そこにはつねに対象との関係において認識が形成されうるのだ。もちろん、認識は脳の機能として運動している。しかし、その認識の内容は対象との関連に言及することなしには科学的な記述が不可能なのである。

もともと、認識論を脳の科学に置き換えようとする潮流は、意志、知性、感情等々の伝統的な心理学用語が哲学的とか思弁的とか非科学的と批判してきたのであった。しかし、物質としての脳の内部構造、その解剖学的構造、生理学的作用の研究がいくら前進しても対象との関連を踏まえた科学的記述が可能になるとは思えない。

それだけではない。脳科学への解消を主張する人たちも結局、伝統的な心理学用語に依拠して「脳の機能」についての記述をせざるをえないのである。脳科学も、それを記述するには、認識や心理の内容を形容し、表現する用語を排除しては、不可能なのである。養老教授はいみじくも言っている。「心という機能について、解剖学が貢献できるのは、心という機能と、脳という構造の『関係』を指摘することである。」（『唯脳論』、筑摩書房、三六頁）つまり、知性を担う部位はどこどこ、感情を担う部位はどこどこという解剖学的構造を示すに留まる、と。

しかも、そこで「心の機能」という表現で示される認識のあり方をごくごく常識的（悪い意味の）水準でしか捉えていないことは明らかである。重要なことは、脳科学が嫌悪したところの、伝統的な心理学用語を使用するのが問題なのではなく、その用語が常識レベルの理解に留まっているのが問題だということなのである。大切なのは、認識のさまざまなありかた、すなわち、意志、知性、感情、イメージなどを認識対象との関連で分析、解明することである。

先ほど紹介した例で言えば、実際に声を出して言葉でしゃべる場合と心の中で「言葉をしゃべる」場合とでは、それらの持つ言語論的あるいは認識論的な意味は決定的に違うが、脳科学的には同じ脳内活動としか捉えられない。脳科学は「心の科学」足り得ないことを示している。

[6]『形を読む』から唯脳論への後退

公平のために言っておくが、養老教授も認識論的な発想に接近するかに見えた時期があった。

あるいは、このように評価するのは私の深読みかもしれないが、養老教授の最初の本格的な著作と思われる『形を読む』（培風館）では、生物学的な相似の概念で、認識論への接近を試みている。いわく、

「相似の概念を、さらに延長しよう。念頭にあるのは、神経系である。（中略）神経系は、外界をその中に取り込む。それは、まさしく外界の類比である。私の頭の中には、日常の生活空間が、なぜか『入っている』し、それは我が家の飼猫でも、庭に穴を掘ってい

るモグラでも、同じことである。われわれが、木を眺めるとき、木が頭の中に、直接入っているのではない。しかし、それはなんらかの『形』で、入っている。その形こそ、アナロジーである。神経系は、まさしく外界のアナロジーを形成する。したがって、外界と神経系の間には、なんらかの『相似』があるはずである。すなわち、『外界の構造』と『神経系に取り込まれた外界という構造』の間には、ある種の『対応関係』、すなわち相似的な『構造の一致』があるはずである。しかも、神経系の大きな部分は、本来、こうした『外界との対応関係』をつくるために、発生してきたはずである」（同、一〇一頁）

長い引用で恐縮だが、養老教授がここで神経系としているのを脳と言い替えても大過はない。外界にある、たとえば日常の生活空間が頭、あるいは神経系に、つまりは脳に「入っている」というのは、もちろん文字通り「入っている」わけではない。頭をかち割ったら、まわりの世界の、家やビルや自動車がミニチュアの形で、頭のなかに収まっているなどということはありえない。外界の事物が脳のなかに認識として「入っている」という意味である。

まさにそれは脳（神経系）が外界の反映としての認識の担い手であることを養老教授は事実上言っているのである。ただ、あくまで「反映」ではなく、「相似」「類比」「アナロジー」という言葉で片づけている点は養老教授の限界と言えよう。

「相似」「類比」などは、あくまで人間のまわりの世界における二つ（以上）の対象を人間が対比し、それらが「相似」「類比」の関係にあることを見出すのである。つまり、相似を人間が発見（認識）するのである。

ところが、相似を発見すべき人間の認識そのものがある特定対象と「相似」だと、養老教授はいうのだ。するとそれが相似であることを誰がどのように認識するのか、と皮肉の一つも言いたくなる。

ともあれ、養老教授は解剖学者らしい限界のなかで、対象の事物と相似の関係にある像を人間は自らの認識内面に築き上げることを認めているのである。大切なことは、そういった反映論的視点をいっそう深化させ、認識論が不可欠であるとの自覚に達することであった。

これまでの論述で、人間を世界のなかに有機的に位置づけることによって人間をより深く理解するためには、たんに脳の解剖学的構造解明を越えて、認識理論の創造がどうしても必要であるということ、その点で養老教授の、認識＝外界の「相似」論が、解剖学的呪縛によっていかに中途半端なものにとどまっているかがお分かり頂けるであろう。

しかも、養老教授は『形を読む』におけるこの認識＝相似論を発展させることはなかった。二度とこういった疑似認識論的な発想を語ることなく、機械的唯物論である「唯脳論」的理解に後退していくのである。

私は、現在は多くの論者が無視しがちな唯物論的な認識論である反映論の立場に立っている。要点は、人間の認識を外界の反映と捉えることである。大急ぎでことわっておきたいのは、この「認識」という用語を私は最大限に広義に理解しているということだ。「認識」というのを感情や意志などと対立的に理解したり、少なくともそういったものとは別個の心の作用と捉える向きもある。また、「心」と別なものとして「認識」をイメージする傾向もまま見られる。

私はそうではなくて、心、気、精神、感情、気分、意志、意識、知識、イメージ、想像、感覚、直観、表象、心象などとさまざまな言葉によって表現されている心的な作用すべてを包括するものとして「認識」を捉えている。反映論はそうした「認識」が外界の反映の帰結として形成されるということを前提としている。

養老教授が反映論的な認識論に接近するかと思われたのは「相似」あるいは「類比」といったキー・コンセプトを通じてであった。だが、人間はたんに外界にある現象、事象、事物を視覚で捉えて、その「相似」的な視覚像を認識するだけではないのである。たんに目の前にある物事の視覚像を獲得するだけではなくて、目の前にない物事であっても、その視覚像を得ることとすらある。

例えば、ハイハイできるようになった赤ん坊でも、大好きなボールが衝立の向こう側にいってしまって見えなくなっても、衝立のおかげでボールが見えなくなったけれど、ちゃんと衝立の向こう側にボールがあるのだ、ということがわかるようになるのである。そのとき、赤ん坊は衝立の向こうにあるボールの視覚像を思い浮かべているはずなのだ。

このように、外界の事物、事象と「相似」の像を認識内面に創り上げるというのは、水たまりをのぞき込むと、その水面に顔が映るといった「光学的な反映」ではない。

目の前にない物の像すなわち、表象（イメージ）をも創り上げなければならないし、まわりの世界事物が様々の種類に分けられ、様々な集合のそのまた集合として成り立っているということを知らねばならず、そういう構造やからくりそれ自体と「相似」の像を社会像、世界像として認識内面に構築してゆかねばならないのである。

要するに人間のまわりの世界、外界と「相似」の像を構築するためには、対象の事物を「見たり」「聞いたり」して感覚、直観するだけではなくて、眼前にない事物を表象（イメージ）したり、対象の事物を個々バラバラに認識するのではなく、種類に分け、そうした分類をしながら、多くの事物を構造的に認識内面に取り込んでいくという抽象的な認識、すなわち概念的な認識も不可欠なのである。

人が考えるという場合の「考える」こと、すなわち思考活動とは、さまざまなイメージを潤滑油のように介在させながら、きわめて多くの概念を結合したり発展させたりすることなのである。

［7］脳は万人共通なのに、天才は脳を操作できる？

翻って養老教授の脳観ないし認識観とはどういうものであろうか。人間を「学習するロボット」と公言してはばからない機械的人間観をすでに紹介したが、数式を使用して「バカの壁」をでっちあげるところのそのデタラメさかげんは驚くほどである。

ただ、自己流の発想で適当なことを言ってるのが、たんに何の役にも立たないということだけであるなら、百歩譲って人畜無害との評価をすることも出来よう。しかし、脳科学にかんする知見を振り回して天才や犯罪者への一面的なレッテル貼りをし始めると、「ちょっと、待て」と言いたくなるのだ。

養老教授の議論は、それがたとえ人間の心＝認識を取り上げていても、認識が構造をもったものとして捉えられず、一定の認識要素が直接に脳の個々の部位などと結びつけられているだけである。そのうえで、思いつきの「説明」だけが施される。

たとえば、イチローや松井、長島、ピカソなどを例にあげ、これら各界の「天才たち」の天才たる能力に言及している。有名野球選手の身体運動における反応の速さや、天才画家の空間認識の特異性は、脳を操作できる特別の能力を根拠とする、という。

脳の構造は万人共通なのに、天才は脳を操作できるというわけである。養老教授はいう。

「例えばキュービズム時代の絵は空間配置がメチャメチャです。鼻が横を向いていて、顔が正面を向いているというのがザラですから、メチャクチャだと見られても仕方が無い。しかし、あれは一つ一つのデッサンはかなり正確に描いている。つまり、モデルである人間や物をあちこちから見て描いたものをゴチャまぜにして合体させたようなもの

になっています」（『バカの壁』、一四三頁）

「それは別に、一人のモデルをあちこちから見てデッサンしたものをツギハギであとで組み合わせた、ということではありません。おそらく彼は意識的に、絵を描く際に、ノーマルな空間配置の能力を消し去ったのです。（中略）おそらく彼は自分の視覚野というものを非常に上手にコントロールできていた」（同、一四三〜一四四頁）

要するにピカソの場合、普通の人であればいじれない空間配置の能力を自在に脳のなかで変えて、絵として表現しえたという。それがキュービズム時代の絵なんだそうだ。しかし、これはイメージや意志の問題を介在させないととても解明出来ない問題であり、普通の人にできない脳の機能を変える特別の才能がピカソなどにはある、との確言のところで思考停止してしまう。その根拠を「天才だから」ということですます以外にないのである。「脳の物理的構造に差異はない」と一方で言っているだけに、それだけ、イメージや意志の問題に分け入っていかなければ、だめだということになる。

なぜ、イメージや意志の問題か。これは脳における視覚野を論じなくとも了解することが充分可能な問題だからである。イメージといってもさまざまな段階、形態があるだろう。

視覚的なイメージといっても、夢でじっさいに具体的な形象として映画を見るような視覚イメージもあれば、仕事中にお腹が空いてきて「今晩の夕飯は何だろうか」などと予想し思わず好物のビフテキの像が浮かんでくる、そういったビフテキのイメージもあろう。

そうした場合のイメージは夢で見るような映像としての具体的な視覚像ではなく、もっと抽象的一般的なものである。いわば一般表象である。ところで、人はこの一般表象を加工して、この世にないものまで創造することができるのである。

絵という表現においてとてつもない形象をつくり出すことができる画家はすべて、脳の視覚野を独自にコントロールできる、という養老教授の解釈が正しいとしよう。すると、ギリシャ神話に出てくるような、下半身は馬で上半身は人間といった動物を考え表現したギリシャ人は視覚野をとてつもなくコントロール出来た人だとする奇妙な解釈をする他なくなる。古今東西に伝承されている寓話などに出てくる化け物などはどうなのか。

ピカソのキュービズム絵画の奇妙な人物像も、そうしたイメージの加工の問題と考えたほうが妥当ではないか。加工されたイメージを具体的に形象化する表現意欲や表現力の点で、ピカソの表現者としての唯一無二の個性があったのではないか。

私に言わせれば、イチローや松井、ピカソなどの抜群の能力、これは天才か努力のたまものかといった問題は措くとして、彼らはそれぞれの専門分野での仕事において、人並みはずれた直観とイメージ形成力を有するようになったということである。

そうした直観は、それ自体で成立するものではなく、概念把握や特異なイメージとのダイナミックな相互作用によってこそ、抜群の、研ぎ澄まされた直観も形成されうると考える。そしてその優れた直観が素晴らしい身体感覚と身体能力の拠点となるのである。彼らの認識プロセスの解明なしには天才論としても空疎にならざるを得ないのである。

［8］「キレる」原因を前頭葉の能力低下で裁断する

養老教授は、天才の脳の外見や物理的構造は普通の人の脳となんら変わらないという。しかし、昨今問題になってきた「キレる」現象については研究が進んでいると断言する。いわく、

「結論から言えば、脳の前頭葉機能が低下していて、それによって行動の抑制が効かなくなっている、ということなのです」（同、一四六頁）

こうした結論を導き出す根拠として彼が紹介している実験なるものがふるっている。そ

れは信州大学教育学部が長年行ってきた実験なのだそうだ。まず子どもの目の前に赤と黄色のランプを置き、手元にスイッチを押せるようにしておく。赤ではなく黄色が点いたときだけ、スイッチを押すように指示する。スピードは問わない。

以上の条件で、正解率は約三〇年前の小学校低学年の水準と、現在の小学校高学年の水準が同程度というのだ。赤ランプがついても「我慢して」スイッチを押さない、という「抑制」をするのが脳内の前頭葉だというわけである。かんたんにスイッチを押さないで、じっくり考えて黄色のランプが点いたとき押すようにすればよいのに、「それを我慢できないからついつい押してしまう。その我慢する能力の発育が三十年間で四、五年遅れていることが判明しました」（同、一四八頁）

そこで、「抑制」を司る前頭葉の機能が低下している、との結論を出すのだ。問題はなにか。ここでは、こうした実験の科学的な普遍性がどれだけあるのか、という問題はペンディングにしておこう。『バカの壁』で養老教授が紹介しているくだりを読んだだけでは、その判断を可能にする材料が少なすぎるからである。

問題は、それではなにか。それは、目前の事態を正しく認識するまで行動を抑える（具体的に言えば、点いたのが赤ランプではなく黄色ランプであることを確認するまでスイッチを押さない）プロセスを「抑制」、「我慢」の一言に置き換えて、さらにそれが長く続かないことを「キレる」現象と強引に結びつけていることである。そのうえそれらが全体として、「前頭葉の機能の低下」の現れと断定していることなのだ。

二〇〇二年の三月に、文部科学省は省内の研究所から『「突発性攻撃的行動および衝動」を示す子どもの発達過程に関する研究―「キレる」子どもの成育歴に関する研究―』（国立教育政策研究所内「発達過程研究会」）なる長々しい書名の冊子を刊行した。

一読して私は、この冊子が社会防衛論的な発想に基づくものであり、かつ「キレる」という現象の、さらにそれを克服するという心理作用の認識論的な研究が欠落していると批判したことがある（雑誌『人権と教育』第37号所収、「子どもが『キレる』とき」）。

この冊子での研究は「『キレた』子どもの生育歴に関連すると思われる要因は『家庭要因』と『学校要因』の二つに区分し」（一三頁）とあるように、家庭、学校以外の社会的要因を切り捨て、その「家庭要因」として「家庭内での暴力・体罰」「家庭内での暴力的雰囲気」「家庭内での緊張状態」「家庭内での不適切な養育態度」「問題行動（非行等）への家庭の適切な対処の欠如」を例示し、「学校要因」では「友人からのいじめ」「教師の不適切な対応」「学業面での問題」「友人関係の問題」「問題行動（非行等）」を列挙しているだけであった。

私は、これらが常識的な理解を超えていないと批判し、認識論的な分析の必要を提起したのであった。さらに、親の養育態度として度を越した「放任」「過干渉」「過保護」「過度の要求」「いいなり」などをあげているのだが、子どもはもちろん親たる人たちも、この現代社会の混濁のなかにあって生活しているという点への反省がない、と指摘した。

しかし、この冊子にまったく良いところなしと言ってしまうと、少し公平を欠くかもしれない。「キレる」現象の社会的要因を家庭要因と学校要因に限定しない見解も掲載されていたからである。

それは意外かも知れないが、警視庁生活安全部に関係する臨床心理士・井口由美子の次の見解である。

「一般的には、『キレる』のは今時の若者が未熟だからであり、そのような若者が育ったのは今時の親が子どもを甘やかして育てるから、と説明されがちだ。（中略）しかしそれはあくまでも直接的な因果関係にすぎず、根本原因は『効率優先の消費社会の進展』と『それに伴い子育てにも効率が求められるようになったこと』だと思う」（一六五頁）。

井口は、知識や技能の学習については、一定の目的と統制のもとで学習できるが、「悲しい」「悔しい」といった感情は意図せぬ体験のなかから本人が感じ、「一見するとムダな体験が豊富に必要だ。それなのに、現代社会は子どもにそのゆとりを与えない」(同)と現代社会の本質的な病理を追究している。

また、この冊子に一人だけ特異な主張をする人が登場していた。国立衛生院院長の小林秀資である。彼は言う。

「『キレる』原因は頭蓋骨の中、即ち脳の何らかの異常にあると考えてほぼ間違いありません。例えば、大脳皮質の前頭葉(オデコの下あたりの脳)の発育不良や乳幼児・小児期の子どもにとって身の危険を感じるような恐ろしい体験(例えば虐待、ひどいいじめなど)によるものなどが考えられます」(一七八頁)

ここにやっと、養老教授と同意見の論者が登場する。大脳皮質の前頭葉の発育不良だという。しかし、この文部科学省肝いりの研究書においてさえ、養老教授的な意見は、学校、児童福祉、医療、警察、家庭裁判所、矯正・更正保護、研究代表者等の関係者二九名中小林秀資一人のみである。

しかも、小林は「前頭葉の発育不良」を「身の危険を感じるような恐ろしい体験」（おそらくＰＴＳＤの原因となる体験）など心的外傷とともに原因として併記しており、さらに、「血液の中の内容物であるホルモンや糖分などの過不足によって脳が反応する仕組みも否定できない」（同）と脳生理の他の原因の可能性にも言及している。

要するに私は何が言いたいか。「キレる」原因について養老教授ほどの極端な脳機能原因論は特筆すべきだ、ということである。これは養老教授が嫌う「原理主義」的な態度ですらある。

養老教授のような見方がもし正しいなら、「キレる」子の問題はそうした子どもたちの人間的成長や学習や発達の問題あるいは教育の課題ではなくて、医療の対象だということになる。

そうした子どもたちが医療で治療不可能なら、社会から排除し、監視し隔離する対象とする他ない、という結論にならざるを得ない。事実、彼は宮崎勤のような犯罪者を見張れ、そのためにも犯罪者の脳を調べよ、と主張しているのだ。

これは極端な社会防衛論であり、彼は差別主義の権化にでもなったかのようだ。養老教授が認識の理論を欠落させていることからくるおそるべき貧困かつ危険な結論は、能力差別主義、もっといえば先天的能力差別主義ともいうべきものである。

繰り返しになるが、養老教授はいわゆるキレる現象を前頭葉機能の低下ということで裁断している。これはもっとも素朴な大脳局在論でしかない。これまで何十人何百人という人が同じことを言ってきた。キレる子も衝動殺人の犯人もすべて前頭葉機能の低下で説明できるという主張である。

ここでは、そうしたキレる子や衝動殺人犯（このように関連させて論じる事自体、キレる子は犯罪者になるという悪しきイデオローギーを容認するかのようである）がどのような家庭、地域、友だち関係、生育歴によって存在しているかという、大脳生理学ではフォローできない条件、要素についての分析はすべて放棄されている。

養老教授はここでも脳構造還元論の轍を踏んでいるのだ。それがあしき能力選別主義、能力差別主義と共鳴するような議論を帰結しているのである。

私は、「キレる」、キレないで「我慢する」と、無造作に養老教授が語っていること自体をもっと認識論的に深める必要があると考える。一言で「我慢する」と言ったところで、実際にはさまざまな「我慢」があるはずだ。

例えば、勉強したくない、遊んでいたいのだけれど、お母さんに叱られるのが怖いから、「我慢」して勉強する、といった場合もあろう。また、遊んでいたいのだが、いま勉強しておかないと今度のテストにいい点がとれないだろうとの予想にもとづいて、「我慢」するケースもあるに違いない。

前者は恐怖ないし心配という感情にもとづく「我慢」であり、後者はそれなりの因果関係の予想にもとづく、知的判断にもとづく「我慢」である。これら両者については親や教師は当然、対処方法を一律にはできないはずだが、養老教授理論では一緒くたにされかねないのである。

Ⅱ
言語本質論を欠いた怪しげな養老式言語論

養老教授は、どの著作においても、旺盛に言語を論じている。その言語論は、平凡な脳生理学的解釈であるが、それに思いつきの言説を施している。まず目につくのが、言語コミュニケーションと財貨の交換とのアナロジーである。養老教授は、脳内の信号の運動を牽強付会に「交換」と見なし、それが言語を支える脳内での交換だとし、さらに言語自身が人々の間で交換されるものだとする。

そしてこれらは物財の交換と同じだとしたうえで、物財の交換は言語での交換、さらに脳内の交換があるから成立してきた、などという。すべて、こうした思いつき発想とアナロジーで書き散らしたものこそ、養老式言語論である。

［1］平凡な大脳生理学的知見プラス思いつき発想

養老教授の言語観の基本は大脳生理学をなぞっているだけである。例えばこうだ。「言葉とはなにか。大脳皮質連合野の機能である。それがブローカの運動性言語中枢を経由し、運動系から表出される。その表出された『言葉』から、『受け手』は自己の脳の中に、『送り手』の脳の中にあったものと、類似の機能を起こさせようとする。その伝達がほぼ完全であれば、『受け手』は『送り手』を理解する。完全以上であれば、すなわち『受け手』の脳内に『送り手』以上の反応が生じるなら、『一を聞いて十を知る』、あるいはそれ以上のことを知るであろう」（『唯脳論』、二〇～二一頁）

前半はなんということもない大脳生理学的知見にすぎない。「『送り手』の脳の中にあったもの」という「もの」とは何か。その「もの」とはなにかを明かに出来ないのは、養老教授に脳そのものと相対的に区別された認識の理論がないからである。それは大脳生理学全般の欠陥であって別に目新しいものではない。大脳生理学そのものの意義を認めないということではない。それで認識や言語を解明できるわけがない、と言いたいのである。「一を聞いて十を知る」というのは受け手の類推の問題である。つまり、これも認識論の問題である。それを「完全以上」と表現するところに養老教授の通俗性がある。しかし、完全であろうがなかろうが、つねに受け手は相手の言葉を聞いて連想や類推をしているのである。誤解したうえで連想、類推するということもある。これを邪推という。

しかし、つねに対話、会話には理解不十分からくる不満が残り、そこからもめ事が絶えない。それを解決するために養老教授はどうすべきだと言うのか。「それを解決するものは、脳の機能の研究以外にはありえない」（同、二一一頁）などという。これはどう見ても、さらなる話し合い、討論以外にないと考えるほうが合理的であろう。ここにも、『バカの壁』の基本主張である「話せばわかるというのはウソ」という思想の芽があるともいえる。

前述したように、養老教授には脳の解剖学的知見はあっても認識論がないため、リンゴという言葉を聞いて、あるいはリンゴという文字を見て、頭の中でリンゴ活動というべき反応が起こる、という言い方をする（七三頁）。

しかし、認識論あるいはイメージ論があれば、リンゴという言葉（文字）に出会ってリンゴのイメージを思い浮かべることができる、とすれば分かりやすい。しかし養老教授は、リンゴのイメージないし表象を脳構造論の用語では説明できないので、こういうリンゴ活動なるものをでっち上げるのである。

つまり、こういうことである。言語を理論的に扱うためには言語論とそれを支える認識論が不可欠である。「リンゴ活動」などの表現で、養老教授が説明を試みた現象も、言語とそれを支える認識の問題に関連するわけで、ここでこそ認識の理論が必要なのに、そうした自覚がない養老教授には「リンゴ活動」なる用語を発明する以外になかったのである。

［2］視覚プラス聴覚で言語が成立という能天気な言語論

養老教授は言語学者でもないし、まとまった言語理論があるわけではない。しかし、特定の領域の現象を恣意的に切り取り、それに独りよがりの命題を張り付けるという彼独自の「方法論」が、とくに言語（論）を扱った部分に顕著であるので、私としては問題にしないわけにはいかないのである。

養老教授は一見まともな問題設定ともいえる問いを発している。「ヒトが言語を操るのは、決して咽頭の構造が特異なためではない」（同上、一四三頁）と、しかし後がいけない。ヒトが言語を操れるのは、視覚と聴覚が結びつくからなのだそうである。

さらに傑作なのは、視覚と聴覚と結びつくということのそのまた根拠として、視覚言語も聴覚言語も言語だということを挙げていることである。これでは悪くいって頓知にもならぬ冗談、よく言ってトートロジーであろう。「文字言語」とするべきものを「視覚言語」、「音声言語」というべきを「聴覚言語」と命名するところに、養老教授式の恣意的方法が透けて見える。言語という、私たちの認識から独立し、認識の対象になっている現象を形容するのに、視覚とか聴覚という私たちの感覚の名をもって形容しているのだから、これを恣意的と言わずして何が恣意的だろう。要するに「視覚言語」とすることで「見る言語」を意味させ、「聴覚言語」ということで「聴く言語」との意味付与をしているのだ。

そうすると、「聴く言語」とすることで、音声言語以外の音にまで言語と決めつける落とし穴を掘ることになりかねない。また「見る言語」だと、ここに文字以外のものにまで、例えば画像などまで言語だと拡大解釈する余地も出てくることになる。

案の定、養老教授は、「視覚言語と聴覚言語」の区別の問題を念頭において、視覚と聴覚の区別を言い立てているが、そのさい視覚を写真の例で説明している。「視覚の特質は、『物事を一目で見てとる』ことにある。写真はそれを典型的に示す」（同、一四七頁）それは瞬間の像であり、時間の要素が抜け落ちている。視覚あるいは画像はそういう特質がある、などという（同）。

それはそうだろうが、それを「視覚言語」すなわち文字言語の特質と強引に結びつけられてはたまらない。しかし、右に見たような養老式の拡大解釈によって結びつけてしまっているのだ。

これに対して聴覚は時間を前提としているとする。この恣意性、非論理性については後述する。

そもそも写真と文字は視覚の対象という点では同じであるが、認識論的には決定的に異なる。写真は視覚を通じて認識されるとき、それを直観し、視覚像、イメージとして認識するのであるのに対して、文字は視覚を通じてたしかに文字の形象をイメージとして認識するが、さらにそれを通じてその文字が表現するところの概念を認識するのである。

写真が絵であっても同様であり、文字とは決定的に異なる。ところが養老教授はその区別がつかない。浪漫的な解釈とはことわりながらも、「文字のない時代の人々は、ひょっとして星を『読んだ』のではなかろうか」（同上、一五五頁）などという。

古代人の芸術的想像力によって、宇宙の彼方に光り輝く星たちを架空の線で結合して創造した獅子や牡牛の一種の画像を、「読んだ」などというのである。こうした「浪漫的」

解釈の牽強付会さこそ「視覚言語」命名の本当の理由なのだ。

養老教授の言語論にはそれなりの認識論的な理屈が付与されている。言語形式を現象面であれこれ論ずるのではなく、言語本質論へのアプローチの試みがある。それはいいのだが、その論たるや、幼児が、絵本などから得られた印象やそれなりの知識を動員して、かってな物語を長々と語り出すのと似ている。

養老教授の議論を読んでいると、いつもそういったイメージを抱いてしまう。とくにその言語に関する言説では思わず「こりゃ、ピアジェのいう幼児の自己中心性だな」などとつぶやいてしまうのである。

養老教授は、視覚と聴覚という性質の異なる感覚が言語において統一されることが言語の成立を示している、などといって（同、一五三～一五四頁）、私などを唖然とさせるのだ。こうした驚くべき主張の背景には、養老教授独自の感覚についての思いこみがある。

養老教授は、まず、実証はおろかいかなる論証もなく、視覚と聴覚、あるいは光と音が結びつく外的必然性はない（同、一五三頁）などと言い切る。「神話ならいざ知らず、太陽は別に音をたてて運行しているわけではない」（同）と。

しかし、例えば、草むらの中を兎が動き回っている姿を思い浮かべていただきたい。それを私たちが目撃したとしよう。当然のごとくその兎が光を反射し、それが人間の視覚を刺激して「兎が見える」であろう。それと同時に兎の動きが草むらを動かし、それが空気振動となってわたしたち人間に音が聞こえるわけだ。

見事に対象において光と音の源泉があるのであって、同一対象にたいして視覚と聴覚がむけられており、その意味で対象（この場合は兎）において人間の視覚と聴覚は統一されているといえるのだ。人工を嫌い、自然を尊ぶ養老教授にしてはあまりにも現実を見損なっている。

太陽は音を立てて運行していないなどと言うが、それは太陽に対する視覚と聴覚が統一されていないからではない。太陽が次元の異なるあまりにも巨大な存在ゆえ、その運行の「音」など問題にもならないからである。

太陽などと大げさな存在を取り上げなくてもよい。遠くを飛んでいるヘリコプターでも、その姿は見えても音は聞こえてこない場合がたしかにある。だが、それは視覚と聴覚とが統一されていないのではなく、人間がそのヘリの音を聴覚で捉えることが可能な距離をはるかに越えた遠い場所を、そのヘリが飛んでいるからである。

ところで、この視覚と聴覚とは必然的に結びつかないという、根拠のないテーゼを前提として、養老教授は言語を特徴づけるのである。彼は、本来的に結びつく必然性のない視覚と聴覚を結びつけてこそ言語の成立があると見るのだ。結びつかなければ「同じ言語」と言えないではないか、と言いたいのだろう。

[3] なぜ言語論の基本的理解が欠落するのか

そもそも、言語の概念規定を明かにすることをまったく怠っていて、「同じ言語」もないだろうと考えるが、私ならそれは同じ概念を表現しているから同じ言語といえる、とか、同じ概念と結合しているから同じ語彙といえるとか言うだろう。そう言わねばならない。そういう論理的手順を踏まなければ、学問的な面白みはない。

だが、ここはしばらく養老言語論につき合うことにしよう。

例えば、「イヌ」という音声言語（聴覚言語）と「犬」という文字言語（視覚言語）とが同じ「言語」（厳密には同じ「語彙」と言うべきだろう）である根拠は、それらが、音声と文字という異なった素材を使いながらも同じ犬の概念を表現しているということである。

それを本来結びつくはずのない聴覚と視覚が結びつくからと強弁するだけでは説明にはならない。だからこそ、養老教授は「両者（おそらく視覚言語と聴覚言語を指しているのであろう…引用者）を支えるなんらかの共通の基盤が存在しなくてはならない。その成立が具体的には言語成立の基本である」（同上、一六九頁）というトートロジーを言い、決して確答を与えることができないのである。

それでは言語とはどういうものか。養老教授は言語は「現実と対応するもの」（『形を読む』、培風館）とあっさり言いのける。しかし、これこそ現象面の上っ面だけを見ている人間が言いそうなことである。実際にポチならポチという飼い犬がいるとする。それを日本語で「犬」と言う。「犬」は実際の犬に対応している、と誰でも思うであろう。

養老教授は、結局そういったどこにでもころがっているような「常識」にのっかって雑文を書いているだけなのだ。しかし、「言語が対象に対応している」ないし「言語が対象と結びついている」などというのは、正しい言語理論を確立するために最初に粉砕しなければならない謬論である。

では言語は現実に対応していないのか、と問われると、単純にＹＥＳと答えるわけにもいかない。言語は認識という媒介を経て現実に対応している、というのが正しい解答である。つまり、「犬」という言語は、ポチならポチという実際の具体的な犬をいったん概念的に認識したものを、さらに表現に託したものなのだ。

すなわち、(実際の)犬→「犬」(という言語)ではなく、(実際の)犬→犬についての概念的認識→「犬」(という言語・表現)というのが言語成立のプロセスである。

養老教授はこのような対象→認識→表現という過程において言語を捉えることができないから、スタティックな「対応」論に終始するほかはない。養老教授の意気込みが感じられるような題名の著作『人間科学』(筑摩書房)でも「言葉は一方では、常識的に認められているように、外界の対象を指示しているが、他方その同じ言葉が、対応する脳内過程を暗黙のうえで指示している」(『人間科学』、七〇頁)と述べている。

私の言葉で言えば、「犬」という言葉は実際の犬も指示しているが、同時に脳の中の概念的認識をも指示している、ということである。こうした言い方であると、言語(もっとも養老教授は言葉という不用意な用語を多用=乱用しているが)がどのような経緯で成立し、人間によって獲得されるのか、いっさい説明不可能である。

そもそも、犬という現実の動物が地球上に存在しなければ、「犬」という言語も成立する契機がなかったであろう。その意味では対象の実在が前提であり、その対象があってこそ、人間の脳内に対象の反映たる概念（犬なら犬の概念）が形成され、それが表現されて言語の成立に結びつくのだ。言語がさきに成立してそれに対応する（あるいはそれが指示する）脳内過程が生ずるのではない。

そう考えれば、私たちはいやがおうでも、対象→認識→表現というプロセスを通じて言語が表現されることを認めないわけにはいかない。養老式の粗雑な言語論からも逆に言語過程説の合理性を再確認できる。

ところで、人はどのようにして言語を操るようになるのか。言語とは対象を概念的に認識し、さらにその概念的認識を表現に託すことによってである、とすでに述べた。しかし、これはあくまで一般論でしかない。言語表現とは対象となる事物の概念の表現であると同時に、その事物の名称の表現でもあるのは言うまでもないところだ。

その意味で、ある特定の種類に属する対象の概念をある特定の種類に属する音韻ないし文字によって表現する、という規範を通じて言語は表現されるのである。

例えば、ある特定の種類に属する動物の名称を「ウマ」という音韻によって表現したり、「うま」「馬」という文字を使って表現する約束ごとが日本人の間で維持されている。こうした約束ごと、規範にしたがって言語が表現されるわけである。この約束ごと、言語規範なしには言語はありえない。

ところで、日常会話で現れる音声言語は、たとえば対象が馬であれば「ウマ」という音声（厳密には「音韻」というべきであろうが、ここでは「音声」としておく）によってつねに馬に対する概念的認識を表現するというかたちをとる。

そのさい、人間の認識内面においては、馬に対する概念的認識と「ウマ」という音声のイメージ（表象）が結びついているだけでなく、さらに、馬に対する視覚イメージをも結びつけている場合が多いであろう。これは表現する人間の側である。

また、その音声言語を聞き取る側、受け手の側の人間の認識においても、同様に、「ウマ」という言語に接したとき、自らの認識内面に「ウマ」という音声イメージないし聴覚イメージとともに、馬に対する概念を想起するであろう。そして、さらに馬についての視覚イメージをも同時に思い浮かべることも多いであろう。

とくに、「昨日、牧場で珍しい馬を見たよ」「どんな馬なんだ」「シマウマだが、そのシマがただのシマではない」「へー、どんなのだ」といった会話であれば、当然、会話の両者ともに、それぞれの認識内面において、シマウマの姿を思い浮かべながら対話を進めているにちがいないはずである。つまりウマという聴覚イメージと結合させつつ、視覚イメージを展開し運動させ、おしゃべりしているのである。

このように、昨日という時間的に隔絶し、牧場という、その会話の場とは空間的に離れた場所についての、想像にもとづいた会話ですら、視覚イメージと聴覚イメージとの結合はごくごくありふれた現象である。

ましていわんや、「あっ、そこにカエルがいる」という発見の喜びに満ちた子どもの言語においては、カエルを捉えた視覚と「カエル」という音声（聴覚）はそれ自体が結合して現れるのだ。カエルが「ガーガー」鳴いていれば、同時にその鳴き声を聴覚で捉えてもいるだろう。

言語においては、音声言語内部ですでに視覚と聴覚は結びついて機能しているのである。もともとバラバラな視覚と聴覚を一致させることで言語が成立するなどと養老教授は言っているが、既に述べたように、対象を認識し表現に託するという一連の過程を通じてもともと視覚と聴覚とは統一的に機能しているのである。

独りよがりな養老教授の文章に我慢に我慢を重ねてつき合っていくうちにやっと見えてきた彼の言語観の核心のようなものとはなにか。結局、それは、音声言語だけでなく文字言語も理解してはじめて言語が分かる、あるいは言語と言えるということのようである。

いわく「発語と聴覚のつながりは、ごく『自然』である。だから、オウムや九官鳥だってある意味では発語する。言語が聴覚と音声の連合だけでよいなら、ここにも言語が存在することになろう。他方、この連中に字を読ませるのは厄介に違いあるまい。それが同時にできるなら、そこには『言語がある』と言ってもよい」（同上、一七二頁）。

養老教授が言っているのは結局、文字が分からなければ言語を理解したことにならない、という平々凡々たる常識的な、学問とはいえぬ俗論である。しかし、オウムが言語を理解していないのは、文字が読めないからではない。

オウムの「発語」（厳密には発声と言うべきであろう）の背景にある認識が決して概念的な認識にまで高まってはいないからである。つまり、オウムの発声はせいぜい、人間の音声模倣にすぎず、その音声が担っている意味を理解していないからである。

こういう音声模倣は人間の乳幼児にも顕著である。よちよち歩きをし出した我が子に、父親が自分を「パパ」と呼ばせるようにしたとする。そして、自分が映っている写真を見せると、子どもが「パパ」と指さした。「おっ、パパが言えたね」と喜ぶが、妻（子どもにとっての「ママ」）の写真にも「パパ」と子どもが言うのを見てがっかりする。

この子が「パパ」という表現の概念的な理解を欠いているのは明かであろう。つまり、その意味もわからず「パパ」という音声を模倣していたのにすぎないのである。あるいは自分の身近な人間についての漠としたイメージの表現でしかなかったわけだ。ただ、こういう模倣段階は、幼児の言語獲得の過程では通過しないわけにはいかない不可避のプロセスであろう。私はその初期言語獲得論において、喃音→言語模倣表現→言語という三段階のプロセスをたどる、との仮説を提起したことがある。

少し横道にそれたが、結局、養老教授には認識論がなく、言語が概念の表現であるという言語本質論を欠落させているが故に、彼は言語論の基本的な理解すら持ち合わせていないことを暴露している。もっとも多くの学者、言語学者が言語本質論を欠落させていることを思えば致し方ないとも言えるのだが。

また、養老教授のような立場ではさもありなんとも言えるが、彼は脳の機構だけから言語を説明しようとするあまり、当然、人との関係、とくに母子関係でのコミュニケーションの意義をまったく無視してしまう。

「発語においてわれわれは、自身の音声をたえず耳で聞くという、徹底的なフィードバックを行っている。（中略）喉頭→音声→耳→脳→喉頭という機能的ループが、日常的には言語活動の基本となっており」（同上、一七四頁）というふうに言い、まるで幼児が自分の発語を自分の耳で聞く行為を繰り返して言葉を憶えるかの理解を示している。

幼児は母親という相手を必要としており、その母親の発語を聞き、さらに真似るというありかたが基礎となって言葉を憶えていくのだ。そうした他者とのやりとりなしに、そもそも言語獲得などありえない。養老教授のは、そうした本質的条件を無視した自己完結的自己閉鎖的言語観でしかない。

［4］言語とは認識の表現である

言語論に直接関連するものではないが、養老教授が用いるアナロジーのひどさは目を疑うほどである。彼は、脳と物財の交換のアナロジーを語っている。「なぜヒトは交換するのか。その基盤を成すものは脳である。脳は信号を交換する器官である。それこそが、ヒトが交換を行う理由である」（同、一三三頁）

これはひどいと思うが、次ぎに「ヒトのつくり出すものは、ヒトの脳の投射である」という言葉を引用しているように、脳と認識の混同、同一化が養老教授の場合は顕著である。

それにしても、先の言葉のアナロジーはひどすぎる。一方の人間Aが他方の人間Bのもっている米をほしいと思い、ＢがＡの持っている肉が欲しいと考えた場合、交換によってそれぞれが欲しいものを手に入れるのである。諸個人のそれぞれの欲求の実現ということが物財の交換の理由、根拠なのである。貨幣が介在する場合も基本的に同様である。

脳内の信号の運動が、交錯して一見、信号の交換のように見えようと、人間社会の物財の交換とはまったく論理のレベルが異なり、それをアナロジーするのは頭の悪い思いつきであってアナロジーですらないのである。養老教授は自らの論理展開にこういったほとんどこじつけともいえる類比を導入してくる。それはわざわざ批判するまでもなく、自らボロを出す類のものである。

と、こう書いてきて、私はこれまでの論述と多少重複することを厭わず、言語についてそれなりにまとまりのある解説を試みたくなった。養老教授の虚仮威しとしか思えぬ「言語論」が私の背中を押したのかもしれない。

私は、ここで養老教授のように「言葉」という用語を避けて「言語」を使用したい。その理由は後述する。

言語とは現象的には人が他の人と話すときの話し声、音声という形で現れるのが一般である。また、人が他の人に手紙を送るさいの、手紙に書かれた文字・文章という形でも現れる。前者が音声言語であり、後者が文字言語である。機械化、ＩＴ化の進展によって、携帯電話、電子メール、ファックスなどによる通信が盛んになったが、言語論的には本質的に何ら変わりはない。

疑いもなく、人類史的には音声言語の成立を待って、後に文字が発明され文字言語が成立したのである。こういうこともあってか、ソシュールやその系譜の言語学者は文字言語を無視する傾向にあるが、文字言語と音声言語は言語の本質においてまったく同等である。言うまでもなく、「聴覚言語」と「視覚言語」が統一されて初めて言語たりうるなどという養老教授など論外である。まったく言語のことが何もわかっていない、という他ない。音声言語にしても文字言語にしても、人々がそれによってお互いの考え、意志、感情を含む認識を相手に伝えているのである。人は自らの認識を—無意識を例外として—直接に自覚することが出来る。

朝、目が覚めて仕事に出るのが辛いとき、「また、満員電車にゆられていくのは厭だな」と思う。しかし、「いやいや、そんな弱音を吐いていちゃだめだ」と別の自分が励ます。このような認識の動きを観念的二重化などというが、とにかく人は自らの認識を自覚できるのである。

しかし、他人の認識は、それがたとえ自分の妻や夫であっても、直接のぞき込むということは不可能である。それは言語のやりとりによって知る以外にないのである。すなわち、「また、満員電車に揺られていくのは厭だよ」と実際に声に出して話すと、妻は夫がそのような気持ちでいることを初めて知ることができる。その意味で、言語は他人の認識を間接的に知るための鏡のようなものである。こういうとなにか頼りなげであるが、人類は言語以上の精神的コミュニケーションの手段を有していない。

これを要するに、言語とは、人々がお互いの認識（意志、思考、感情、要求等）を伝え合う精神的コミュニケーションの人間独自のあり方、ということができる。

こうした言語は、人が自らの認識を音声や文字という物質的形を創って表現するものであるということもできる。なぜ、ことさら物質的などと言うのか。それは紙のうえのインクの連なり（文字）であったり、空気の法則的な振動（音声）であったりするからである。ただ、それらは、幼児がノートのうえにクレヨンでデタラメに書き殴った線や、道路を走る自動車の騒音とどう異なるのか。物質的な現象だけを捉えると区別はできない。しかし、言うまでもないことだが、手紙に「いかがお過ごしですか」と書かれていたり、朝の挨拶で「お早うございます」と声をかければ、それは意味をもった文字言語であり、音声言語となるのであり、それらは明確に人間の何らかの認識を表現したものであることが了解できよう。

言語とは人間の認識の表現なのである。だが、それでは絵とどう違うのか。絵もある意味で表現であることは間違いない。抽象画を例外として、ほとんどの絵は実物と似ている。モナリザを描いたあの名画のモデルが、まさか野獣のような男であったということはあり得ない。あの絵の女性像とそんなに違わない美人がモデルであったろうと考えられる。

しかし、「猫」とか「馬」とか「自動車」などの言語（音声、文字）が実物と似ても似つかぬことは、あらためて考えてみると不思議ではないだろうか。我々は日本人だから、道を歩いている実際の犬を見ると、「イヌ」という音声のイメージがわいてきたり、犬という漢字をすら頭のなかで想起する。したがって、犬という言語と実物の犬とのつながりを当然のごとく思いこんでいる節がある。

しかし、フランス人は「シアン＝chien」という音韻と、ドイツ人は「フント＝Hund」という音韻と実物の犬を対応させているが、多くの日本人はそうした対応を知らない。大部分の外国人にとっても、日本人における実際の犬と犬という言語との対応は理解できないものだ。つまり、言語と実物との対応は、絵と実物のように自明ではないということである。それは約束事なのである。

ここで大急ぎで起こるべき誤解を解かなければならない。それは絵にしても言語にしても、これら表現が実物と直接に対応するのではない、ということである。その間に人間の認識が介在しているからである。すなわち、実物を人間が認識し、さらにその認識を表現に託したものが、一方では絵となり、他方では言語となる。

絵が実物とほぼ外形が似ており、言語は音声はもちろん、文字でも実物と関係がないと思われるほど違うのは、その間に介在する人間の認識のありかたが絵と言語ではまったく異なるからである。

人間は対象（実物を普遍的な言葉である「対象」と言い替える）を視覚表象（視覚像）として直観あるいは、イメージとして認識し、それを絵として表現するのに対し、対象をもっとも抽象的な認識である概念として認識した場合、それを言語として表現するのである。

対象を概念として認識するというのは、その対象を他の対象との共通性において捉えること、換言すればその対象を種類として捉えることである。例えば、犬をポチとかジョンとかの個々の犬として認識するのではなく、犬一般、種類としての犬と捉えるのが概念的な認識なのだ。

さらに例を示そう。養老教授は養老教授という個人として捉えられる以外に、さまざまな種類において理解しうる。学者、男、老人、日本人、人間などなどの種類として。チョムスキー学派の町田健は「集合として捉える」と述べているが、認識論的には厳密ではないが、そのように言っても大過ないであろう。

ここでとくに注意していただきたいのは、概念的認識を説明するさいに「ポチを犬という種類で捉える」などとする場合、すでに「ポチ」、「犬」という語彙を前提にしているかのような表現にならざるを得ないということである。

しかし、論理的にはある対象を一つの種類という面で認識する、つまり概念的に認識するさいには「犬」などという語彙は成立してはいない。三浦つとむの言い方を援用すれば、そうした概念的認識とは瓶に入った透明な液体のようなもので、それは水なのかホルマリン液なのか、硫酸なのか区別がつかないものである。

そこで、この液体の瓶には「水」というラベルを貼り、その横の瓶に入っている液体には「硫酸」、その横のには「硝酸」とするラベルを張ることによって区別し、適切に取り扱えるようにする。つまり、日本のどこにでもいてワンワンと鳴く動物のことをひと種類にまとめて概念的に認識し、認識の内面において「犬」「イヌ」などのラベルを張り付けるのである。

もちろん、これは私たちが何かを表示するためにペタッと貼るラベルそのものではない。実際には、「イヌ」という音韻のイメージ（表象）である場合が多いであろうが、「犬」「いぬ」といった文字表象も、ラベルのようにその動物に関する概念的認識に結びつけられる。

すでに述べたように民族語が異なると、このラベルも違ってくる。同種類の動物にかんする概念的認識に、「いぬ」ではなくて「シアン」（フランス語）とか「フント」（独語）、「ドッグ＝dog」（英語）などの音韻表象、文字表象を結びつけるのである。

したがって、私たちの認識内面には、ある特定の概念とある特定の音韻表象および文字表象との結合にかんする約束事＝規範が形成されるのである。この約束事を言語規範という。私たちは、特定の対象の概念を言語規範を通じて表現することで初めて言語が成立するのである。

くり返しになるが、絵という表現は対象を形象として捉え、その視覚イメージを（場合によって加工して）表現するので、絵と対象との対応は必然的である。しかし、「犬」「イヌ」という文字ないし音声と実際の犬とは必然的に対応はしない。なぜならそれは似ても似つかぬものだから（日本人にとっては「シアン」と実際の犬とが必然的に結びつかないことを思えば当然であろう）。したがって、言語は絵とちがって、ワンワンと鳴く動物を犬という名前で呼ぶことが約束事であり、そうした約束事を身につけなければ、言語を表現することができないのである。

言い替えれば、私たちの認識内面には、特定の種類に属する対象の概念を表現するためには、特定の種類に属する音声や文字を使用しなければならない、という言語規範が形成されているのだ。一般に言うところの「語彙」とはこの言語規範の一種である。その他に語法、文法といったものも言語規範に含まれる。

普通、言語のことを養老教授がそうしているように「言葉」と称する場合が多いが、言葉は厳密にいえば語彙を指す可能性が大きく、その場合は「言葉」という用語を言語のかわりに用いることは慎まなければならない。なぜなら語彙は言語規範の一種であり、言語とは本質的には異なったものだからである。

［5］時枝誠記の言語過程説と三浦つとむの言語論

私たちが何かを考えるとき、多種多様な概念を結合しなければならない。諸概念の結合と展開ということが思考運動のありかたであり、つまりは「考える」ということなのである。

そのさい、すでに述べたように概念はそれだけでは透明な認識であって複数の概念を相互に区別するのは困難である。そこで言語規範によって概念と結合している音韻表象や文字表象を目印につかって諸概念を関連させたり展開させたりして、まさに「考える」のである。

したがって、現象的には、私たちの頭のなかでいろいろな言葉（実は音韻表象や文字表象）がお互いに結びついて、あたかも心のなかで言葉や文章が音声や文字として流れていくような気がするのである。

こうした現象は人間にはきわめて疑いのない自明のような自覚が古くからあった。認識内面の言語規範こそ、言語そのものだと誤解する言語学者が多いのも頷けるのである。二〇世紀言語学の創始者であったフェルディナン・ド・ソシュールもその一人であった。スターリンなどは言語と語彙を混同し、人は言語を道具のように組み合わせて思想を表現するなどという事実上の言語道具説を唱えた。

現在でも、そうした謬論の亜流は枚挙にいとまがない。人間の頭のなかには「思考言語」が形成されるのだ、などとする立場や、実際に表現される「外言」と脳のなかにある「内言」の両者とも言語だとする傾向などである。これらは、私が前述したところの、認識内面を文章が流れていくかのような現象に引きずられたところに成立した誤った理論である。大切なことは、言語が成立する過程に注目することである。まず対象が存在し、それを概念的に認識したものをさらに表現する、というプロセスこそ言語の本質なのである。こうした過程に着目し、言語過程説を提起したのが戦前から戦後にかけて活躍した国語学者・時枝誠記であった。

時枝は徳川時代の日本語研究を発掘しつつ到達した言語過程説の立場から、ソシュールの実体論的言語観（頭のなかのラングという実体が言語だと見る言語観）を批判し、さらにスターリンにおける語彙と言語の混同を厳しく指摘した。意味あいこそ違うが、ソシュール、スターリンという大権威に怯まず理論的批判を展開した時枝は、近代日本でも特筆すべき大学者と言っても過言ではない。

しかし、時枝はソシュールを批判したが、ソシュールのラングが何を意味するか検討することはなかった。時枝は実体的なものをすべて過程や機能に解消してしまったので、ラングという実体の解明には関心がなかったのである。こうした時枝の欠点を正したのが異端の哲学者といわれた三浦つとむである。

三浦は、言語過程説こそ生まれるべくして生まれた弁証法的言語学だと、時枝を高く評価した。そのうえで、三浦は、時枝が言語研究、国語研究の方法論的前提としていた現象学の観念性を取り除き、唯物弁証法の基盤のうえで言語過程説を継承したのである。三浦はソシュールのいうラングこそ、語彙であり、言語規範だとして、見事に時枝のソシュール批判を完遂した。

時枝は言語規範の形成を解明できなかったので、人がいかにして相手に分かるように言語を発することが出来るのか、また相手が話していることをどのようにして理解できるのか説明することができなかった。人間の脳にはア・プリオリな整序能力、受容能力が備わっている、といったことしか言わなかったのである。

三浦がこのような時枝の理論的弱点を克服して言語規範の解明に成功したことは、言語獲得の理論的研究に道を開いたと言える。言語についてのこれまでの私の論述は時枝誠記、三浦つとむの理論の祖述にすぎない。ただ、三浦理論を拠点にして私は「初期言語獲得論―幼児が話し始めるとき」を書くことができた。興味のあるかたは私の『心から言葉へ―現代言語学への挑戦』（論創社）を一読いただければ幸いである。

［6］個々の事物は差異と同一性の統一として存在する

最後に養老教授の「言語論」の根本欠陥について確認しておきたい。以上の私の論述において、きわめて重要なキーポイントとなるのが、対象をいかに概念的に認識するかという問題である。対象を概念的に認識するとは、対象を一つの種類に属するものと捉えかえすことである。

言葉を憶え始めた幼児が自分の母親を「ママ」と呼ぶのは、何の変哲もない現象である。しかし、隣近所の友だちの母親をも「～ちゃんのママ」と呼べるのか否かということはきわめて重大なのだ。

友だちの母親を「～ちゃんのママ」と呼べるとすると、そう呼べなくて「ママ」を自分の母親だけに結びつけているのとは異なる重要な進歩が見られるからだ。つまり、この幼児は自分の母親も友だちの母親も、お互い顔かたちは違っても、同じ「ママ」と見なしているのである。細部はいろいろ異なっているが大きく同じ一つの種類に入れることができると、この幼児は感じたのであろう。これこそ概念的認識なのだ。

ところで、養老教授は物事はすべてお互い違っているのに「同じ」という見方が成立するのは自己同一性を認めるからだ、などという。

「私が『リンゴ』といっても、あなたが『リンゴ』といっても、同じ言葉としての『リンゴ』です。ところが、具体的なリンゴを見てくださいよ。全部違います。色も形も大きさも、ていねいに見れば、みんな違うじゃないですか」（『養老孟司の〈逆さメガネ〉』、一三五頁）

「外の世界を見ているかぎり、私たちは『違うもの』しか見ません。百人いれば、百人それぞれ『違う』人です。」（同、一三四頁）

としてから、養老教授は、ではなぜ見たこともないのに、どうしてわれわれは「同じ」という言葉の意味を知っているのか、と疑問を発している。そして自らこう答えているのだ。

「ところが『同じ』私ということを、目が覚めるたびに思うわけです。（中略）だから自己という意識が生じてこのかた、『同じ』という意味はわかっているんです。むずかしくいうなら、同じという概念は、自己同一性に由来するのです」（同）

「同じ」という概念が自己同一性に由来するかどうかは、ここでの問題ではないのでペンディングにしておこう。私が言いたいのは、その「同じ」つまり同一性が概念的認識や言語にどう取り込まれていくか、といった問題意識が養老教授にはまったくないということである。

むしろ、細かいことを見ればすべて違っているのに、それを同一だと認めるのは意識が認めるのだ、という論理に自己同一性の概念が横滑りしていくのである。私が、昨日の私も今日の私も同じ私だと認める自己同一性の問題と、対象がある一定の範囲内で同一と認められ、一定の種類に属すると認められることとはまったく異なる。それを養老教授はごっちゃにしているのである。

もし、養老教授において、自己同一性の問題と、対象における同一性が意識化される問題とが截然と区別され、対象としての同一性がクローズアップされたら、その概念的認識と言語の問題を正しく捉えていく道筋がついたことであろう。しかし、そのことは養老教授にはないものねだりであった。

「根本的にわれわれの意識というのは、同一性を主張するものなのです。それ以外に同一性なんてありません」(同、一三六頁)

と、ついに彼は対象世界における同一性という地平には到達しないのである。いきつくさきは主観主義の落とし穴である。いわく

「外界に同じということを措定したら、ある点から先はどうしても嘘になってしまいます。『客観的』な科学が嘘になるのは、そこからです。その意味では、物理学が客観的だなんて嘘です」(同、一三八頁)

科学の客観性などという小難しい問題を取り上げなくても、たとえば誰でも男と女の区別をつけることができるだろう、そのさい男は男の間で、女は女の間でそれぞれ同一性が確認されるからこそ、男女の差異もまた確認できるのだ、ということは自明ではないか。

一般に犬といっても、たとえばスピッツのような可愛い小さな犬をイメージする人もいれば、秋田犬のごとく大きなおっかない犬を想像する人もいるにちがいない。毛の色が白いとか茶色とか黒とかさまざまな特徴を個々の犬はそなえているのはいうまでもない。だが、それぞれの個々の犬は多種多様であってもそうした具体的特徴をすべて捨象し、みな犬という同じ一つの種類に属するという同一性を導き出すことができる。この同一性のみ

を示すものこそ概念という抽象的認識である。

このように言語は概念としての同一性を表現するのであるが、同時に「いぬ」と表現された言語は、その対象を「ねこ」とか「ねずみ」とかの他の種類に属する動物とは異なるものとして理解し、表現しているともいえる（差異性）。

もちろん、これら犬、猫、ねずみなどはすべて動物という種類に属するという点では同一性を有し、動物という上位概念で捉えることができる。しかし、さらにこの動物そのものも植物に対しては差異性を表現しており、これら動物と植物もさらなる上位概念の生物として捉えれば同一性を示すことになる。また鉱物など無生物との関連でいえば生物もまた差異性を示すというふうに重層的な構造になっているのが、概念的な認識というものである。

これでも養老教授は、男としての同一性、あるいは女としての同一性など、意識が同一性を対象に付与しているだけで、客観的には同一性などないのだよ、と言うのだろうか。

養老教授は、個々の事物は差異と同一性の統一として存在するという見方とは無縁な機械論者であることを自ら暴露したのだ。すべてのものは差異と同一性を同時に背負いこんでいることに無知であれば、違う物はどこまでいっても違うものであり、同一のものはどこまでいっても同一のものであって、両者は混じり合うことのないこわばった対立をなしていて、永久にそれが続くのである。

Ⅲ 方法としての還元論と科学観はどこに帰結するか

養老教授の方法論の陥穽は、都市＝脳化社会、田舎＝自然という等置と対比によって前者を激しく批判し、後者を賛美するところにも出ている。この論は、脳＝都市、身体＝田舎という、まさに自然の階層を無視して直結したアナロジーにも如実に現れている。

およそ、都市と田舎（農村といわず、養老教授は「田舎」というあいまいな概念を使う）の分離、対立の問題は「脳化」などという養老教授式造語などでは把握できない。生産と消費の空間的分裂と特化、そして社会的分業という、社会科学的アプローチでしか明かにならない。これも、脳、意識と身体という機械的二分法をさらに機械的に社会構造の問題に投影させただけの駄綸にすぎない。

［1］奇天烈な理屈のなかにある能力差別主義

これまで、養老教授の「バカの壁」論、言語論の検討をしてきて、この人物の思考様式の大きな特徴が、私に少しずつ見えてきたとの思いがする。それは、あれか、これかであり、あれでなければこれだ、というゴリゴリの形式論理であり、機械論であるということだ。そして、さらに私が強調したいのは、いわゆる還元論的思考である。

それがどういうものかを説明する前に、養老教授がこの間に執念深く主張しつづけている問題を見ておこう。そこに還元論的思考の典型が出ているからである。その問題とは「人間の個性とは身体にあるのであって、意識にあるのではない」ということである。いま一つは、「都市は脳化社会であり、人工物しかなく、自然を排除している。いまこそ田舎＝自然の価値を評価せよ」というものだ。

まず、前者であるが、個性は身体に宿るという主張を導きだす問題意識を養老教授はこう述べている。

「このところとみに、『個性』とか『自己』とか『独創性』とかを重宝する物言いが増えてきた。文部科学省も、ことあるごとに『個性』的な教育とか、『子供の個性を尊重する』

とか言っています」(『バカの壁』、四三頁)

養老教授はこれがおかしいというのだ。私も文部科学省が「個性的な教育」を言うのはおかしいと思う。誰が見ても、文科省が個性尊重とか個性的な教育などというのは眉唾だと考えざるを得ないだろう。

個性尊重に偏重して民族、国家への帰属意識を育てていない、などと言って教育基本法を攻撃する勢力に同調し、その改悪の先取りともいえる事実上の国定道徳教科書『心のノート』を教育現場に半ば強制しているのは誰か。文科省である。生徒、教師の思想の自由を抑圧することにならざるを得ない日の丸・君が代を強要してきたのは誰か。文科省以外の何者でもないではないか。

文科省の「個性尊重」への批判ならどんどんやってもらいたいと思う。しかし、養老教授の問題意識は文科省のダブルスタンダードを追及するといったものではない。彼は個性尊重、いや個性そのものを攻撃しているのである。

その理由は、まず第一に人間の脳(意識)においては共通了解が拡大する方向で進歩してきたのに、意識に個性を認め、その尊重をいうのは時代の流れに反するということ、そして第二に人間の意識に個性がある、という世間の「常識」は間違いだというのだ。

「では、脳が徹底して共通性を追求していくものだとしたら、本来の『個性』というのはどこにあるか。それは、初めから私にも皆さんにもあるものなのです。なぜなら、私の皮膚を切り取ってあなたに植えたって絶対にくっつきません。親の皮膚をもらって子供に植えたって駄目です。無理やりやるとすれば、免疫抑制剤を徹底的に使うなんてことをしないと成功しません」（同、四九頁）

身体のうちの皮膚の移植が親子の間でも不可能であることなどを実証的例として挙げて、養老教授は個性は身体にあるのであって、脳、意識にはないというのだ。

こんな議論が許されるなら、蛇やネズミの皮膚も同様ではないだろうか。私は事実として知らないが、おそらく蛇同士、それも親子の皮膚も移植が困難なのであろう。それなら、蛇の身体は個性的ということになるのか。すべての蛇が個性ということになる。個性とは意識化されて初めて個性であって、意識的存在でない人間以外の動物の個性を論じる意味があるのか。

論じる意味などないと思っているから、養老教授は個性の問題を人間に限定しているのであろう。養老教授が人間に限定して個性の問題を論じているのは人間のみが意識的存在であるからである。

まさに「個性」に関連して問題になっているのは人間の生物学的特性などではありえない。人間の行動、生活を評価して個性的か否かを人は云々するではないか。人間の行動、生活を特徴づけるものは人間の意識であり、認識である以外にない。意識を排除して「個性」を論じることは、個性という概念が成り立つ基盤そのものに反するのである。

さらに奇妙なのは、個性が身体にこそあるということを言いたいがために、養老教授は野球選手の松井秀喜、イチロー、サッカーの中田英寿などのスポーツマンを挙げていることである。では、他の政治、経済、文化などの分野で個性的人物はいないのかということになり、この問題での養老教授の論理の破綻は覆いがたい。

それだけではない。養老教授はなぜ、松井、イチローのような身体能力の高い人物を個性の代表に挙げるのか。身体能力が低い「個性」をなぜ挙げないのか。養老教授にとって身体障害者は個性ゼロなのか。養老教授の奇天烈《きてれつ》な理屈のなかに牢固とした能力差別主義を見出すのは果たして私だけだろうか。

［2］脳＝都市、身体＝田舎という機械的二分法

個性を身体機能の問題に解消する。これは一種の還元論と言わざるをえない。還元論とは自然の階層性を充分にわきまえず、一つの階層で成立した論理、概念をそのまま他の階層の現象にまで直接無媒介に適用しようとする誤った思考方法を言う。

このような還元論批判の前提には自然を階層的構成において捉えようとする弁証法的自然観がある。戦後日本における世界的な物理学者であった坂田昌一はこの階層的自然観を前提に、素粒子の複合模型論を展開した。そしてこれが後年のゲルマンによるいわゆるクォーク論として発展していく。坂田いわく、

「力学的自然観に代わり、最近の学問的成果を基礎として形成された二十世紀的自然観は次のようなものだといえましょう。すなわち自然界には小は素粒子、原子、分子から大は太陽系、星雲にいたるまで様々の質的に異なった階層が存在し、それぞれの階層にはそこに固有の法則が支配しているという見解であります。又さらにこれらの階層は小は素粒子から大は星雲にいたるまで、すべてたえざる生成と消滅の中にあり、互いに関

連しかつ依存し合って、一つの連綿した自然をつくっているとみるのであります」(坂田昌一『科学と平和の創造』、岩波書店、九頁)

ここで、重要なのは自然には「質的に異なった階層が存在し、それぞれの階層にはそこに固有の法則が支配している」という観点である。したがって、科学においてはその科学がどのような質の階層の現象を対象としているかということをしっかりと踏まえ、その階層の固有の法則性を探求していかねばならないということである。

たとえば、気体分子の一つ一つは力学的な運動をしているわけであるが、これがきわめて多数の気体分子の運動を捉える場合は、むしろ「非常な数の分子の運動が平均された性質、それがさきほどいったように圧力とか温度とか容積とかいったもの、それらの間に簡単にいえばボイル＝シャールの法則、ヴァン・デル・ヴァールスの法則、そういう物体の平均された簡単な法則というものを生み出してくるのである」(武谷三男『現代の理論的諸問題』、岩波書店、二九三頁)

これは分子運動論の世界から熱力学の世界への質的転換を端的に語っているのである。「この熱力学はその物質が一個一個の分子の行動を知らなくても、その平均された性質と

いうものが、それ自身、一定の物理的な法則を表しているということになる」（同）

こう述べて、武谷は次ぎのように総括している。少し長い引用で恐縮するが、科学的な思考方法を考えるうえできわめて重要なので紹介したい。

「個々のものと、それが集合したものとの間にそのような関係、つまり個々のものの法則以外の性質を決してよそから持ち込んでいない、それ自身ででき上がっていながら、一個一個の分子には解消できない新たな法則が集合体にはあらわれる、そのような物質の見方の一つの成功したモデル・ケースを分子運動論に見ることができる。

こうしてわれわれは原子分子から、たとえば生命というものにつないだり、それから生命から社会というものにつないだりするという場合にも、いつもそのようなことを、そのような論理をもって、われわれは対処することができるようになった。つまり社会というものは、一個一個の人間からできている。社会を考えるのに個人の集合にそれ以外に何か神秘的な要素をつけ加える必要はない。しかし、社会というものを一個一個の人間に解消できるかというと、そういうものではない」（同、二九四頁）

たとえば、学生運動あるいは全共闘運動が盛んだったころ、これは現代青年のフラストレーションが原因だなどと悪口を言う評者がいたが、これなど政治や経済という社会の構造的傾向や社会意識といった社会学的あるいは社会科学的観点を放棄し、個人心理の問題に解消するというのも、社会というあらたな質をになった人間集団における法則性を探求するのではなく、一人一人の個人に解消した議論と言えよう。こういうのも還元論といってもよい。

確かに世界は全体的につながっている。しかし、ミクロの世界の量子力学的法則性の層、ニュートン力学の法則性で理解できる層、生物学的法則性で理解できる層、生理学的法則性で理解できる層、経済学、政治学など社会科学的法則性として理解できる層など幾重も階層が絡み合って構成されているのが世界である。一つの階層で成立した概念を直接無媒介に他の階層の事象と結びつけて論じることほど愚かなことはない。

養老教授が挙げている例、皮膚移植が親子の間でも困難を極めるという生理学的生物学的現象と「個性」という文学的、人文科学的あるいは心理学的階層での問題とを直接無媒介に結びつけて論じていて、典型的な自然科学的還元論であり、まったく噴飯物という他ない。

養老教授の方法論の陥穽は、都市＝脳化社会、田舎＝自然という等置と対比によって前者を激しく批判し、後者を賛美するところにも出ている。この論は、脳＝都市、身体＝田舎という、まさに自然の階層を無視して直結したアナロジーにも如実に現れている。

およそ、都市と田舎（農村といわず、養老教授は「田舎」というあいまいな概念を使う）の分離、対立の問題は「脳化」などという養老式造語などでは把握できない。生産と消費の空間的分裂と特化、そして社会的分業という、社会科学的アプローチでしか明かにならない。これも、脳、意識と身体という機械的二分法をさらに機械的に社会構造の問題に投影させただけの駄餡にすぎない。

養老教授は、都市は脳化社会だから、身体を使うこと、及び無意識を忘れている、という。さらに、田舎は身体を十二分に使わないではやっていけないところだ、いまこの身体の重要性を都市の住人は忘れ去ってしまったので、さまざまな問題が起きているのだ、と言い募るのである。

そこにあるのは極端な機械論である。いわく「都市においては、周囲に存在するのは人工物だけだからである。そこでは自然はすべて排除されている」（『人間科学』、五六頁）。都市はむしろ、いうなれば自然の人間化の産物である。

よく自然と人間などと対比的に言い表されるが、その関係をスタティックに考えるのは誤りであろう。人は他の人間との一定の関係を結びながら、自然へ能動的に働きかけ、人間生活に有用な形態に自然を変革しつつ再生産してきた。

それこそ、自然史の基礎のうえに人類史がその足跡を残してきたプロセスであったのだ。抽象的な言い方になるが、都市とはその人間化の究極と言っても過言ではない。自然に囲まれた、あるいは自然そのものである田舎という発想が養老教授にはあるが、農業そのものが立派な自然の人間化の帰結なのだ。ところが都市が出現してはじめて「人工」が自然と対立するといった、歴史事実と異なる誤った断定が養老教授の前提となっている。

「自然と人工が対立するものとなり、世界が二つに分かれるようになったのは、都市が進んだためである」(『いちばん大事なこと』、集英社新書、二九頁)

このような彼の都市―人為、田舎―自然という機械的区別の論理は右のような言辞として化けの皮がはがれるわけだ。自然といってもなにも実体だけで構成されているわけではない。だのに、「都市では人工物だけで、自然はすべて排除される」と養老教授は言う。まるで万有引力が都市では消えてなくなるかのようだ。養老理論を信じていれば、地震や水害、火災という自然災害から逃れられるわけだ。

人間の身体は自然物だ。といってまるっきり自然、完全なる純の自然なるものはない。それは、人為的な食糧や薬物がとけ込んだ人間化された、人為的要素の加わった自然、つまり人間化された自然なのだ。

一方、人為的な事物、現象といっても、すべて人間の脳、意識が何もないところから、無から創造できるものではない。すべて自然に存在する物質を人為的に加工して創造するのだ。要するに人為―自然という機械論的二元論は現実を見損なうということだ。

傑作なのは、都市では「ああすれば、こうなる」型の思考が支配しているが、田舎はそれが通用しない、などという養老教授の決めつけである。「ああすれば、こうなる」型の思考が脳化社会すなわち都市の基本思想だが、「『ああすれば、こうなる』という図式は、とくに人間の体を含めた自然の問題には当てはまらないことが多い。自然はそれほど単純にはできていないからである」（同上、一三三頁）

なぜ、これが「傑作」なのか。科学者を自称し、他称されている人物が、「ああすれば、こうなる」という法則性の基本をないがしろにするかのような通俗的な思いつきに飛びついたからである。

「ああすれば、こうなる」というのは厳密に言えば技術の本質である。この技術は因果認識を基盤として成立する。「人間実践における客観的法則性の意識的適用」（武谷三男）ということである。たとえば、幼い子どもがふいに足下に毛虫を見つけて、びっくりして飛び上がったとしよう。それは衝動的無意識的な跳躍であろう。

ところが、こういう無意識の行動を通じて、しだいに足で地面を蹴ったから、体が飛び上がった、という因果関係を認識していくのである。つまり、（A）足で地面を蹴る→（B）体が飛び上がる、である。

そこで、この（A）→（B）の関係を逆転させて、（B）→（A）とすると、すなわち、「（B）体が飛び上がる」という結果を実現するために「（A）足で地面を蹴る」という原因を意図的に創ることによって技術が成立するのである。おそらく、猫や犬がそうしているように幼児は無意識に飛び上がったのである。

それを自覚し、原因結果を逆転させて目的意識的な行為に移行するところに技術が成立しているのである。地面を蹴る作用は地面からの反作用を生む。現代技術の粋を集めた宇宙ロケットはこの作用反作用の法則の意識的適用を基盤に成り立っているのは言うまでもないであろう。

［3］空回りする見事な図式主義

少し横道にそれたようでもあるが、科学者である養老教授がなぜ科学の自己否定を帰結するような、「ああすれば、こうなる」批判をやるのか、という根本問題は問わないことにする。これほど、論理一貫性ということに無頓着、無感覚な学者も珍しいほどの人物だから、それを問題にしても、その意味がわからないだろうからである。

ちなみに彼の非論理一貫性には枚挙にいとまはないが、例えばこのように田舎、農村を自然のあり場所として賛美しておきながら、日本の伝統的な村落共同体の意識的な掟としての「村八分」などをあたかも克服されるべきものとして扱っている（『養老教授の〈逆さめがね〉』など）。また、都市では「ああすれば、こうなる」思考が支配するが、自然の問題には当てはまらない、などと強調しながら、疑問をどこまでも追究しないで、自分のなかでなだめてしまい、疑問を「丸める」学生が多いと嘆いたうえで次のようにも言う。

「社会生活を営むうえでは、疑問を丸めることは重要である。相手のやることに疑問を抱き続け、『それはおかしい』といちいち指摘すれば、人間関係はぎくしゃくし、喧嘩が絶えないことになる。だからむしろ、話を丸める癖をつけるほうが大切である。しかし、自然と向き合うときに、疑問を丸めてしまったら、自然をきちんと知ることができない。疑問を抱き続けること、つまりわかるまでこだわることは、自然を知るときの基本的な態度である。」（『いちばん大事なこと』、一四七〜一四八頁）

これをすなおに読めば、社会においては「こうすれば、ああなる」思考はうっちゃっておいたほうが人間関係がうまくいくが、自然を相手にする場合は、どこまでも「こうすれば、ああなる」思考を徹底しろ、それが基本的な態度だ、と養老教授は言っているのである。

養老本にはこういう二枚舌は珍しくない。もういい加減にしろよ、と言いたい。

一応ここでは、田舎では「こうすれば、ああなる」思考はあてはまらない、という養老教授の主張に沿って考えていく。私が言いたいのは、養老教授が「ああすれば、こうなる」式の思考の対極に置いて珍重している田舎・農村での「手入れ」とは何かということである。「手入れ」が因果律を完全に排除しているなどということは、「手入れ」が人間の技術的行為であるだけにまったく考えられない。

養老教授もよもや「手入れ」が衝動的で行き当たりばったりの行為と見ているわけではないであろう。「手入れ」ほどそうした衝動行動とは対極にある概念はないのだから。要するに私の推測では、例えば農作業での「手入れ」は天候や土壌の変化など不確定要因が介在するので、単純な「ああすれば、こうなる」式の因果律が成り立たないといったことを言いたいらしい。

しかし、因果律を「ああすれば、こうなる」と表現するのは一種の抽象であって、都市であろうが、田舎であろうが、単純な「ああすれば、こうなる」式の因果律もあれば、多くの不確定要因と複数の原因の合力を通じて結果が生ずる場合もあろう。それを分析するのが人間の思考であり、学問ではないか。

養老教授の『バカの壁』が売れに売れたというのも、現代都市文明の謎の一つである。決して単純な「ああすれば、こうなる」式の思考では解明できない社会意識の変容と出版企業の意図的な営業戦略を分析しなければならないであろう。

しかし、これも広義の意味でなんらかの因果関係を捉えうるはずである。そうでなければ、あの内容の無い本のベストセラー本への転化はまさに「奇跡」ということになろう。奇跡とは人間の思考で捉えうる因果律と無関係な現象のことだからである。

つまり、あらゆる現象はなんらかの因果関係の連鎖のなかで生起するか、あるいはそうでなければ奇跡という、世の中にはこの二つしかない。もっとも「奇跡」などというものに文学的レトリックの意味しか認めない人も多いだろう。私もその一人だ。

だとすると、養老教授が賛辞を与えてやまない田舎での「手入れ」は「奇跡」ということになるのか。要するに養老教授が「ああすれば、こうなる」との因果律を都市生活だけに見出すのみで、田舎=自然の生活における「手入れ」は因果律に支えられていない、との根拠を、「手入れ」なる人間行動の定義とともに説明しなければ、やはり独りよがりな妄言と言わざるを得ないであろう。

実際は、都市も田舎も、「ああすれば、こうなる」式の単純な因果律では解けない問題が山積している、というのが本当のところであろう。政治、経済、文化、教育、環境、どれ一つとってもさまざまな問題が構造的に絡まり合って、問題解明の糸口すらなかなか見いだせない状況が、現在の日本の姿ではないのか。もちろん世界も同様であろう。

日本経済の持続的発展の問題や景気回復問題などをとっても識者、専門家なるものの主張、意見はそれこそ十人十色と思われるほど、多彩多岐にわたっている。どこに養老教授のいう単純な「ああすれば、こうなる」式の思考が跋扈《ばっこ》しているというのか。

むしろ、全般的な方向性を明確にするという意味で「ああすれば、こうなる」との明確なビジョンこそ求められているのではないか。

人工を批判し、自然を賛美する。都市が疎外しつづけてきた自然を復権させよう、との意気込みは、養老教授の場合、決して現実を直視し、論理的に分析するという方向にはいかないのだ。

都市＝脳化社会＝意識＝人工という一つの断定があり、それらを一つのポールに見立てて批判し、田舎＝身体＝自然というもう一つの断定が肯定され、復権されるべきポールを立てる。これだけだ。あとは、この単純図式にすべてを当てはめていくだけなのである。『養老孟司の〈逆さメガネ〉』では、少子化問題もこうした図式で解いていく。つまり、都市の人間は「ああすれば、こうなる」という人工の思考しかできないから、自然を嫌う。自然は金という社会的価値を持たぬからだ。

人間でいうと、子どもは意識的な存在ではないので自然そのものだが、都市の人間にとっては自然は無に等しいから子どももいないほうがいい。ということで少子化がどんどん進んでいるというのが養老教授の論理である。

見事な図式主義といえよう。しかし、ここまで来ると空しさだけが残らざるを得ない。

それに子どもが自然だ、といってもファミコンやインターネット、電子メールの文化を除いて、子どもたちの実相は十分には理解できないのが今の時代なのだ。養老教授の図式は空回りする他はない。

［4］情報は不変、人間は変化という根拠のない機械的思考

養老教授が固執するもう一つのテーゼを見てみよう。養老教授はいう。

「一般に、情報は日々刻々変化しつづけ、それを受け止める人間の方は変化しない、と思われがちです。情報は日替わりだが、自分は変わらない、自分にはいつも『個性』がある、という考え方です。しかし、これもまた、実はあべこべの話です」（『バカの壁』、五二頁）

養老教授は実は変わらないのは情報で、変わるのは人間だという言いたいのだ。この機械的な見方には恐れ入る。例えば、ヘラクレイトスの「万物は流転する」という情報がい

ろいろ変わるだろうか、そうじゃないだろう、という例を上げている。「情報」という言葉で何を意味しているのか、概念規定をしないまま論を進めることに養老教授の狭さを感じる。情報とは言語なのか。だとすると一回一回の言語表現はその表現において意味が固定されるので、その限りにおいて「情報」は不変ともいえる。

しかし、「情報」をある問題、テーマにかかわる判断・知識の総体というように拡大して考えるとおおいに変化するのは言うまでもない。情報を表現という風に捉えると個別的表現自体は不変かもしれないが、表現される思想そのものは変わっていくものだ。人間が変わるのだから思想も変わる。その意味で思想表現も時間の流れのなかで不変ではありえない。

あるユニークな事典では情報について次のような定義を明らかにしている。

「この語の示す意味内容は多様であるが、まず①事物や出来事などに関する『知らせ』（ニュース類）であり、②一定の目的に関して適切な判断を下したり、行動の意志決定に有益な『データ・資料・知識』であり、そして最近では、③機械系や生体系に与えられる『指令や信号』にまで及んでいる」（『哲学・思想翻訳語事典』、論創社、所収、駒井義昭執筆「情報」より）

養老教授はその情報が真実なのか、虚偽なのかについてまったく言及しないのも不可思議である。米英がイラク侵略戦争を始めるさい、イラクのフセイン政権が大量破壊兵器を保持しているとの情報にもとづいてその合理化に努めたのは周知の事実である。そしてそれが虚偽の情報ではないか、ということで米英両国内で大問題になっているのを養老教授が知らぬはずはないであろう。こうしたことを無視して、情報が変わるものか否かなどにしゃかりきになるのは時間のムダというものではないか。

ただ、養老教授は事実にもとづく情報を最初から前提している節もある。

養老教授は彼が考える人間科学の要諦を「情報」においているようである。旧来の物質・エネルギーの科学である自然科学以外に情報系（の科学）が成立するという。それは脳―言葉、細胞―遺伝子ということで後者、すなわち言葉、遺伝子は情報系だという。

しかし、養老教授においてこの情報系とこれまでの人文科学、社会科学との関連があいまいであるし、なによりも言語、言葉と遺伝子とを「情報」ということで同一視する、ないしは一つの系として体系化するのは誤りである。

遺伝子の場合、遺伝情報を担うという表現があるが、「遺伝情報」などというのはたんなるシンボリックな言い方にすぎず、情報化社会という場合の情報とは根本的に異なるものであって、一緒くたにするのは決定的な間違いである。

遺伝子は翻訳・複製されるが、「脳が扱う情報としての」言葉も翻訳されたり複製されるから同じだ（『人間科学』、一二五頁）というのも最悪のアナロジーである。遺伝子の「翻訳・複製」はあくまで人間の認識を媒介としないプロセスであり、人間の認識が介在する言葉の翻訳・複製とはまったく次元が異なる。遺伝子の「複製・翻訳」などと、あたかも人間の認識が介在するかのような用語を使う怠惰な学問的習慣が、養老教授のような安直な誤解を生むのである。

たとえば、養老教授は遺伝情報を紹介する段で、それがアデニン、チミン、グアニン、シトシンという四種の塩基の配列として「記号化」されている旨述べている。つまりA、T、G、Cの配列として記述されると（同、一二七頁）。しかし、これはあくまで学問的な説明における記号化にすぎない。生物の遺伝過程の法則性を示すために、言語によって命名されたものにすぎない。けっして言語が情報を担うのと同様に、遺伝過程が情報を担う記号に媒介されているわけではない。

こんなことを言うと、養老教授は「いや、それは脳―言葉という情報と細胞―遺伝子という情報を混同して、細胞―遺伝子という情報系を否定しているにすぎない」という言うかもしれない。

ならば、分子レベルあるいは原子レベルで酸素原子一つと水素原子二つが結合して水が形成されるという法則性を $2H_2+O_2 \rightarrow 2H_2O$ と記号を付して理解する場合も、情報系の科学の説明としなければなるまい。しかし、養老教授は物理学は物質・エネルギーを対象とする科学で、生物学のなかではじめて情報系が出てきたと述べているのである。

要するに、遺伝情報というシンボリックな表現がこの生物学、遺伝学で定着しているのを、理論そのものと誤解したにすぎないものである。一種の言霊信仰である。情報と名付けられているから情報系と思いこんだのである。情報系という用語を持ちうるとすれば情報系は言語・コミュニケーションの世界だけに妥当するのであって、これ以外の解釈は誤りである。

また、養老式の「情報という視点」を持てば伝統的な心身問題に回答を与えられるなどと、どこかの教祖様のようなことを言う。つまり「脳という物質のかたまりから、なぜ心という不思議なものが発生するか、という問いだった」(四九頁)のが心身問題だが、「DNAの分子構造の決定と、それに引き続く遺伝情報の翻訳機構の解明は、DNAが『物質である』と同時に、『情報としてはたらく』という奇妙な現象がどういうことであるか、それを解明してしまったのである」（同）などという。

しかし、何度も指摘するが、ＤＮＡが「情報としてはたらく」のはＤＮＡの分子構造に言語で命名したり記号を付したりしたからである。人間が言語や記号をやりとりし、意志を疎通させたり、外国語を翻訳したりするのをアナロジーして、遺伝の「情報」などという用語が一般化し、「遺伝情報の翻訳」などというシンボリックな用語法が氾濫したのである。私はこのようなシンボリックな用語法は、シンボリックな面を自覚しないで、言語や意志や情報のほんとのコミュニケーションの世界と生物遺伝の過程を同一視する人間が出てくるのではないかと恐れていたのである。養老教授の本を読んで、私の怖れもももっとだという感を深くする。

［5］宇宙とは情報の総体？

また、養老教授は、情報と対比するものとして、人間のかわりにシステムを措定したり、さらに実体を措定したりしている。人間も一つのシステムであり、さらに抽象的に言えば実体だ、と言いたいのであろう。そして、情報＝不変、実体＝変化という図式を勝っ手に前提した議論をしつこく繰り返している。

「対象を固定したもの、すなわち同じものと見ているとき、それは『情報として見ている』といっていい。逆に違うものと見ているとき、それは『実体として』見ているのである」(六二頁)当然、「同一性を実体に当てはめることは、結局できない。同じに見えても、詳細に吟味すれば、かならず違いが発見されるからである」(同)

そもそも実体が同一性を持たないというのはどういうことか。もちろん、実体は常に変化のなかにある。しかし、それは別のものになるわけではない。同一性を保持しているものは、(それは個々の人間でもいいし、個々の犬でもいいし、建物でもいいし、川のような自然の実体でもいいが)すべて同じ名前で呼ばれている。その面で同一性を保持しつつ変化しているのである。養老教授のように、あれは同一性があるが、これは変化があるなどと、機械的な区別に固執するのはなんの根拠もない。

「ここにリンゴが二個あるとする。別になんだっていいのだが、ともかくここではリンゴなのである。そのリンゴは同じか。リンゴだから同じじゃないか。『同じ』論者はそういう。『違う』論者は大きさが違う、色が違う、味が違う、という。つまり同じなの

はなぜかといえば、リンゴだからである。これは情報である。違うのはなぜかといえば、実体だからである。」（六六頁）

ここでも同一性は情報だから、差異は実体だからというふうに養老教授は形式的区別に固執する。常識的に言えば、名前は同じリンゴだから同一なのだ、しかし実際のものは実体だから、大きさや色が違う、ということだろう。だったらそういえばいい。

ところが、養老教授は「物質が自然科学のなかで原子、素粒子までに分解される理由もこの面から明らかである。そこまで行けば『違いが見えない』からである」（同、六二頁）「さらに分子、原子、素粒子は、その意味では情報である。実体ではない」（同）「究極の粒子は、もしあるとすれば、情報か実体か。むろんそれは情報であるほかはない。実体なら変化してしまうからである」（同、六四頁）

分子、原子、素粒子あるいはさらなる究極粒子は不変で差異を持たぬものとする判断を前提し、この判断に、情報＝不変、実体＝変化という養老公式を機械的に当てはめると、究極粒子は情報ということになるほかはない。

ただしくは、実体はそれ自体個別として存在するが、その個別とは特殊性と普遍性の直接的統一なのである。たとえばリンゴである。個々のリンゴは他のリンゴにはない特殊な性質がある。普通のリンゴに比べて小さいとか、香りが強いとか、赤い色が映えている、とか異なっている。そういう特殊性を担っているのである。

しかし、このリンゴにしても、このリンゴではない他のリンゴにしても同じ「リンゴ」という名前で呼ぶ。なぜならどちらのリンゴも共通のリンゴという種類に含まれる、そういう共通性あるいは普遍性を担っているからである。つまり、それがなんであろうと、森羅万象を構成するすべての事物は特殊性と普遍性を同時に併せ持っているのである。これを普遍性と特殊性の直接的統一という。

このように考えれば、養老教授の、リンゴを素材としての情報・実体区別論がいかに粗雑で根拠薄弱な言説かがわかるであろう。なるほど、例えば、原子、分子、素粒子といった究極の粒子の段階になれば、その粒子の個物としての特殊性というものが無くなるようなこともあるかもしれない。

しかし、分子は原子で構成され、原子は素粒子で構成されるとはいうが、素粒子はクォークで構成されるというのが現在の物理学的常識となっていることを思えば、文字通り「究極の粒子」というものがありうるのか、といういわば自然哲学的大問題にまで繋がってしまうテーマではある。

ただ、いずれにしてもそのような「究極粒子」があり、その一個の粒子に「究極粒子」故の特殊性がないとしても、それが養老教授のいうように「情報であって実体ではない」などという決めつけはとんでもない誤りである。もし「究極粒子」が実体でないならば、そういった実体でない粒子から構成されるものは実体ではないということになり、宇宙のすべての物質は実体でない、という明かなる謬論を導くからである。宇宙とは情報の総体などという結論になってしまう。観念論者が泣いて喜ぶような主張である。

蛇足になるかもしれないが、究極粒子は不変の存在である、との養老教授の認識は一九世紀までの原子論の水準である。一九世紀までの原子論は、古代ギリシャの古典的原子論の復活であり、物質を構成している原子は、アトムというその名のごとく、これ以上分かつことのできない、そして決して変わることのない永久不変の究極的な構成単位とみなされていたのである。

その後、原子から素粒子にと究極の粒子の発見は進んでいくが、たんにより根元的な粒子が発見されたということ以上に、一九世紀までの原子観におけるアトムのような不変性にかわって、相互転化性こそ最も著しい特徴であることがわかってきたのだ。原子核を構成する中性子と陽子についてはその特性として互いに移り変わる性質、つまり相互転化性が指摘されて久しい。

湯川秀樹が理論的に予言した中間子は、その後、実際に発見され、この中間子はきわめて短い寿命をもつ素粒子で、たちまち電子に転化することが確認されている。さらに永久不変と思われた電子も、陽電子の発見とともに、その不変性を否定する事実が見出されている。光子が陰陽一対の電子を創造する能力を持ち、また陽電子が電子と衝突すると、両者が同時に消滅して、その質量のすべてがエネルギーとして電磁波の形で放出されることも、すでに一時代前の物理学の常識になっているのである。

養老博士も、「万物は流転する」というヘラクレイトスの名言をやたら振り回すのではなく、その理論的な意義を少しは考えてみてはいかがか。

[6] 科学は不変ではない、たんに変化するのでもない、発展するのだ

科学者養老孟司は、いったい科学と情報の関係をどう考えているのだろう。これについても、養老教授は決して明示的には語らない。「理論は情報の典型だからである」(『人間

科学』、六三頁）「十九世紀以来の百五十年、科学は生きものを情報化すること（中略）に専心してきた」（『まともな人』、一六二頁）、「つまり科学の世界は、ここ百五十年間、システムをひたすら情報化してきたのである」（『いちばん大事なこと――養老教授の環境論』、集英社、一八二頁）などのワンフレーズ思想という形で、散見できるだけだ。

どうやら、養老教授は学問や科学はみずから「情報」を取り込み体系化してきたと述べたいらしい。そうであれば、養老教授にとっては、情報が不変であるのだから科学も不変ということになる。あるいは、不変な情報の単純総和であるかのようなきわめてわかりやすい構造を、科学は示すことになる。

しかし、科学の発展は、既成の科学に不変な情報が取り込まれ付加されていく、といった単純な様相を呈することはない。エンゲルスはルニョーがボイルの法則の限界を発見した事情を説明している。

「この法則によると、温度が一定であれば、気体の体積はその気体の受ける圧力に逆比例する。ルニョーは、この法則がある種の場合にあてはまらないことを見出した。ところで、もし彼が現実哲学者であったら、こう言わなければならなかったであろう。ボイルの法則は変わることのないものではない、したがって真正の真理ではない、したがって誤謬である、と。(中略)しかし科学者であるルニョーは、そんな子供じみた事柄にはかかわりあわないで、さらに研究をすすめて、ボイルの法則は一般に近似的に正しいだけであり、とくに圧力によって液化させることのできる気体の場合にはその妥当性を失い、しかも、圧力が液化の起こる点に近づくやいなやそうなる、ということを見いだした。こうして、ボイルの法則は、一定の限界内でだけ正しいことがわかったのである。しかし、この限界内ではそれは絶対的、決定的な真理であろうか? 物理学者はだれもそんなことは主張しないであろう。彼はこう言うであろう。この法則は圧力と温度との一定の限界内で、そしてある種の気体にたいして妥当する、と。そして、彼は、このようないっそう狭く仕切られた限界内でも、将来の研究によってこの限界がさらにせばめられ、あるいはこの法則の言いあらわし方が変えられることがありうることを、否定しないであろう」(『反デューリング論』、大月版、マルクス・エンゲルス全集、20巻九四〜九五頁)

これは後代の物理学史を予兆させるような至言である。いうまでもなく、ニュートン力学と相対性理論、あるいは量子力学の関係の問題だ。

相対性理論や量子力学が出現したとき、ニュートン力学が完全否定されたわけではなかった。ニュートン力学では扱えない世界にまで科学の目が突入したときに、相対性理論や量子力学が確立された。速度が光速に近いところまで達する世界の法則性を捉えるためにはニュートン力学では対処できなかったのである。

また、光や電子が波であると同時に粒子としても現れるような極小世界の法則性を捉えようとしたとき、ニュートン力学では対処しきれず、量子力学が誕生した。

しかし、それらはニュートン力学に取って代わろうというものではなく、ニュートン力学では対処できない世界の法則性を探求することによって、より広い普遍的な基盤のうえで妥当する科学を目指したのである。

たとえば相対性理論で使うローレンツ変換の式ではつねに光速が数値として入るようになっており、光速＝無限大とすると、ニュートン力学の式に帰着するようになっている。しかし、実際は光速は秒速約三〇万キロメートルということになっていて、決して無限大ではない。

ただ、野球のボールが時速一五〇キロメートルで飛行するのを捉えようとするニュートン力学の世界からすれば、あたかも光速は無限大であるかのように扱ってもいいのである。

その意味で相対性理論はニュートン力学を含み込むような広い基盤のうえであらたな包括的な普遍性、法則性を捉えたのである。

アインシュタインも啓蒙的な解説で次のように述べている。

「古典物理学は、まず特殊相対性理論の要請と調和させるために、ある修正を必要とする。しかしこの修正は、物体の速度vが光速にくらべてまったく小さすぎることのない高速度運動に関する法則にのみ、本質的に必要なのである。われわれの経験では、そのような高速運動の例としては電子とイオンの運動しかない。その他の運動では古典力学の法則とのずれが小さすぎて、実際には目立たないのである。」(アインシュタイン『わが相対性理論』、白揚社、五八頁)

また、ラザフォードより一九一一年、原子構造が明かにされることにもとづいて、古典物理学は原子物理学というあらたな領域が開拓されていったことは周知の事実であろう。原子の構造とは原子の中心に原子核があり、そのまわりに電子がとりまいている、という構造である。

電子が原子核をとりまいている、といっても太陽のまわりを地球が回転しているような力学運動ではない、ということが同時に解明されていくのである。それは電子が粒でもあり、波でもあるというまったく未知の世界であった。プランクのエネルギー量子の思想をこの原子構造論に適用し分析したのがボーアであり、そうした努力はハイゼンベルクによって引き継がれ、一九二五年、量子力学として建設される。

この量子力学ではプランク常数（自然常数）h＝六×10のマイナス27乗エルグ・秒というものを使うのであるが、これについて武谷三男は次のように言う。

「量子力学も、自然常数hが基本的にとり入れられた力学である。量子力学はこの常数h→0にすると古典力学に戻ってしまう。すなわち作用量がhに比して著しく大きい対象を扱うかぎり古典理論でよいことになる」（武谷三男『物理学入門』、季節社、四五頁）

以上の議論を総括すれば次のように言えよう。われわれの日常の世界は物理学的に見ればニュートン力学の世界である。ところが、この世界を相対性理論の世界からみるならば、それは有限な値をもつ光速度cが無限大となった極限の世界である。またこれを極微の世界についての量子力学あるいは素粒子論の世界からみるならば、それはある有限な値をもつプランク常数hが、無限小となって無視できる極限の世界なのである。

物理学の歴史は養老教授のいうような単純な構造を示していない。ニュートン力学に相対性理論、量子力学が単純に付加されたわけでもなく、また後者が前者を駆逐したわけでもない。後者が前者の限界を明かにする形で補完され、さらにより普遍的な基盤の上で統一的な力学的世界像を提供しつつあるのだ。

それは同一性を維持しつつ発展していく科学の姿である。そもそも発展ないし、発達はたんなる変化ではない。同一のものが同一でありつつあらたな質を獲得していく過程が発展なのだ。

したがって、変化なのか不変なのかという養老教授の発想そのものが機械的で貧しく、短見であると言いたい。そもそも変化すると指摘されている人間も同一でありかつ変化するのであり、したがって、人間はある意味で生涯発達の存在なのである。養老教授の議論は発達学や発達心理学などのイロハを知っているものにとってまさに噴飯物である。

情報は不変で人間が変化するという養老教授のテーゼにも関わらず、情報は人間が担うのであり、情報と人間とを固定的な対立図式に当てはめる見方そのものになんの生産的な意味もない。情報も人間も同一でありつつ変化をとげる。つまり発展ないし発達するものである、というのがこの問題の正しい解答なのだ。

岡田克敏によれば『バカの壁』の35刷では空間の曲がりというアインシュタインの理論は特殊相対性理論とされている。しかし、49刷では一般相対性理論と訂正されているとのことだ（『正論』04年5月号、二〇三頁「『バカの壁』を読めばバカになる」より）。私が読んだ41刷りでも一般相対性理論とされている。しかし、少なくとも35刷りまでは誤って特殊相対性理論と書いたままにしたのは事実であろう。これは科学史では常識に属することのはずである。養老教授の科学的知識は、自分の専門外は意外と雑ぱくである。

Ⅳ
唯脳論・唯幻論・唯物論をめぐって

『唯脳論』は「バカの壁」の原点的な書である。総じて脳の解剖学的構造からの知見にヒントを得て「バカの壁」のさまざまな馬鹿げたテーゼの萌芽が散見される。「バカの壁」の主張の原点がすべてであるように思われる。

脳化社会などの用語がすでにある。「バカの壁」に繋がる部分はわかりづらいが、それは脳という実体とその脳の機能である認識とを混同、同一視した文言があるためである。いずれにしても認識論がまったく無視されているので、脳の機能である心には少しも踏み込めていない。

一方、岸田秀の唯幻論は伝統的な精神分析学の知見の蓄積に裏付けられた理論を提出している。しかし、その「自我」論一辺倒な理論の狭隘性も指摘しなければならない。人権や民主主義といった普遍的原理を自我論の展開だけで否定しさることはできない。

［1］脳と認識の同一視は何をもたらすか

養老孟司著『唯脳論』の「唯脳論とはなにか」で書かれてあることは、脳＝認識と理解すれば、はっきり分かる内容である。しかし、自然から生まれた人間が脳を発達させ、認識を持ち、合目的な意志を有するようになって人為が自然を支配していく過程は、同時に人間が社会を創っていく過程であって、それを脳化社会などという必要はない。

人間が自然に目的的に立ち向かうことによって人類形成の端初が開かれた。それこそ、動物から人類への推移の過程である。

ところで、養老教授は、さもそれが近年の情報化社会をきっかけとするというような言い方もしている。「はじめに」では「情報化社会とはすなわち、社会がほとんど脳そのものになったことを意味している」（同、七頁）などというのは「脳」を「認識」と読み替えれば、情報化社会が自然と異なって徹底的に人間の意志によって構築されたものであることが読みとれる。

しかし、人間の意志の産物は情報化社会になってから出現したわけではない。そこのところの混乱が養老教授にはある。

ところが、情報化社会は脳化社会であるという理由として「脳は、典型的な情報器官であるからである」（『唯脳論』、七頁）というアナロジーをもってくる。そしてこれは脳活動と言語の伝達・交換とお金の交換、物財の交換というとんでもない類推の布石である。『唯脳論』の基本的な考え方は、脳の解剖学的構造の視点のみから人間や社会を論じようというものである。その証拠に、人間は変わらない、なぜなら人間の脳の機能は数万年このかた変わらないから、といった言い方をする（同、二一〇頁）。ここには『バカの壁』の命題と逆の命題が立てられている。

『バカの壁』では人間こそ変わるが情報は不変だ、などと言っている。しかし、人間は変わらない、その身体や脳の解剖学的構造が数万年も不変だから、などというのだ。

養老教授は人間の脳の機能も数万年変わらぬなどというが、脳の機能とは意識、認識、心である（『唯脳論』の別の箇所でそう正しく述べている）ということを考えれば、人間の意識が数万年も変わらぬなどということは論理の上でも、事実のうえでも誤りだ。

人間は自然に働きかけ、社会をつくり、自然を人間化してきた。人間の前には自己も含め、社会の諸現象が生成し、自然にはなかった新たな歴史形成物が次から次ぎへと生成し、変化していったのである。人間の意識、心が変わらぬはずはない。人間が変わらぬというのは脳化社会論なる養老教授自身の議論の前提を崩壊させるものだ。

第二章にあたる「心身論と唯脳論」は他の章の思いつき的言説にも関わらず、養老教授の正しい部分を示している。この章は唯物論的であり、いい意味で常識的である。養老教授はここでは構造と機能という概念を駆使して、この脳と心の問題を整理している。

心臓そのものは構造であるが、その心臓による循環は機能である。心臓は物として人体から取り出せるが、「循環」を取り出すことはできない。それは機能だからである。同じように脳そのものは構造であり、心は脳の機能である。脳は取り出せるが、心は取り出せない。そして言う。「心はじつは脳の作用であり、つまり脳の機能を指している。」（同、二八頁）「唯脳論は（中略）意識的活動が脳の産物だという、当たり前のことを述べているだけである」（同、三九頁）。

養老教授は、この章では比較的正しい論を展開している。それがゆえ、大脳生理学やそれにもとづく養老式唯脳論の限界も見えてくる。心臓や腎臓などは構造をしらべて後からその機能を発見していったが、脳の場合は逆だ、という。脳の機能である心の実相を私たちは経験的に知っている。

そしてその機能に対応させるべく脳をしらべてきたとする。「唯脳論では、あらかじめ機能に対して、構造を割つけなくてはならない」（同、三六頁）「心という機能について、解剖学が貢献できるのは、心という機能と、脳という構造の『関係』を指摘することである。」（同）

つまり、知性を担う部位はどこどこ、感情を担う部位はどこどこという解剖学的構造を示すに留まる、という彼ら解剖学者の限界を告白しているのである。第三章にあたる『もの』としての脳」の最後を養老教授は次の言葉で結んでいる。これも解剖学者の限界の言説だ。「神経細胞が連結しあい、興奮するか抑制される。それだけである。それでどうして、記憶や、心理や、計算や、夢が生じるのか。複雑怪奇なのは、そこである」（同、六九頁）

ただ、次の言葉は、構造と機能を相対的な独立として捉えない危険性を秘めている。「言い替えれば心臓血管系と循環とは、同じ『なにか』を、違う見方で見たものであり、同様に脳と心もまた、同じ『なにか』を、違う見方で見たものなのである」（同、三〇頁）。

ここから脳＝心という命題が生まれ、ある「ことば」と、その「ことば」に対応する「存在」を考えたとき、その対応するものが、例えば人間の肛門のように実体として取り出せないものもあるとし、その場合、その対応するものは脳内にある、などという（同、三二頁）。存在するものは「外界にあるか、あるいは脳内にある」（同）それが唯脳論だという。しかし、それは認識なのだ、といったほうがはっきりする。脳＝心という養老教授の観点では、いかにも変な言い方になるのである。

「世界の解釈は一つではない。『脳』だけをとってみても、物質になったり、心になったりする」（同、三九〜四〇頁）ともいう。

養老教授の論がわかりにくいのは認識というべきところを脳といってしまうことに起因しているが、ここにも養老式の脳＝心テーゼの弊害がある。脳と心はたしかに直接に統一されているが、相対的に独立の関係にあるのであって、同一のものと見ることはできないからである。脳のない心はたしかにありえないが、心のない脳はありうるからだ。

［2］脳の機能の特殊性には言及できない

養老教授の次の言葉をどう理解すべきか。「脳は一般に他の脳を包含する場合に、相手を理解する。われわれがサルをよく理解するのは、われわれの脳の中に、ともあれサルの脳があるからである。」（同、八二頁）

要するに、生物進化の過程で、その生物の脳の巨大化が達成され、人類の脳が人類以前の生物の小さい脳を包含する形で大きくなったという生物史的事実の問題を、包含した以前の生物の脳、ここではサルを例示しているが、そのサルのことを人間が理解しているという認識の問題として、横滑りさせて把握するのである。

しかし、これも思いつきというしかない。これは、人類の脳が達成しつつある科学的果実によって、自らをとりまく現実を全体として歴史的論理的に解明しつつあることを示すにすぎない。地球や海洋の構造の解明がなされつつある理由として、人間の体のなかに地球の成分が含まれているとか、海洋のなんらかの要素が含まれているから、などという必要が果たしてあるだろうか。

養老教授は意識の発生を脳における剰余という形でしか理解できない。

「生き物が外界の条件に反応だけしていればいいうちは、すなわち下等動物の脳なら、意識はなくてもいい。脳には剰余はなく、自分の中で何が起こっているか、『知る』だけの容量がない。

しかし、ヒトの脳ほど大きくなれば、中味のことがある程度わかって不思議はない」

（同、一一二〜一一三頁）。

これでは、動物と人間の違いは説明できない。脳の容量が大きいからとか、脳に剰余があるから単なる反応以上のものが生じるという確言だけである。認識についての理論がないからである。

養老教授の「構造と機能」論にはおかしなところがある。例えば、構造は物質だが、機能は物質ではない、などという（同、一三九頁）。

心臓血管系という構造、これは明かに物質的なものだ。しかし、その心臓血管系の循環という機能は、実体として取り出せないが、物質的に検証可能である。特殊な装置によって目に見えるようにすることもできる。したがって、循環という機能は物質的であるといって差し支えない。

構造と機能とをあれかこれか、と黒白をつけたがるのは、養老式の形式論理にすぎない。構造と機能は直接に統一されており、かつ相対的に独立として扱わなければならない。

例えば、筋肉の痙攣などは筋肉のある特殊な機能の現象形態であるが、目でも確認できるし、触って痙攣を実感することもできるのである。養老教授の構造の概念は運動しつつ自己再生産する構造ではなくて、まるで静止画像のようなスタティックなしろものである。ところが、脳という構造は物質だが、その機能である心、認識は物質として取り出せない。まさに非物質である。認識の内容を知りたければ、言語として表現し、文字（インクの連なり）や音声（空気の法則的振動）という物質の形態を創造しなければならない。しかし、そのように物質的に確認できるものはすでに認識そのものではなく、表現された言語なのである。この脳の機能の特殊性については養老教授は言及していない。

［3］岸田秀の唯幻論は唯脳論の一種ではない

養老教授は自らの「唯脳論」との対比を意識してか、岸田秀の「唯幻論」に言及している。

「社会とは脳の産物である。岸田秀氏は唯幻論を説く。ヒトは本能が壊れた動物である。それが生きていくためには、本能に代わるものとして幻想が必要である。幻想は各個人のうちにあり、社会はその共通部分を『共同幻想』として吸い上げることによって成立する。これはもちろん唯脳論の一種と言ってもいい。本能は脳に記録されたものであり、幻想もまた脳の産物だからである。」(同、二四八頁)

だが、私の見るところ唯幻論が唯脳論の一種だというのは牽強付会なこじつけでしかない。少なくとも、岸田秀の論理は養老教授の論理とは比較にならぬほど、整然としており緻密である。近代日本人の精神構造の一断面を鮮やかに照射している点でも刮目すべきものがある。

しかも、岸田秀の『唯幻論序説』は唯脳論に比べて一定の「認識論」の提起があると評価できる。とくに、対人恐怖の実態とそれを否定しようとする心的態度との矛盾、葛藤が対人恐怖症を生み出す根拠となる、といった優れた分析もある。また、西欧の対神恐怖と日本の対人恐怖を対比的に分析しつつ、近代日本人の「近代的自我」への接近努力の評価を心理学的に転倒させたことは問題提起として注目に値する。岸田は言う。

「何はともあれ、日本人の考えている『近代的自我』を確立した『近代的個人』とは、人の意見に惑わされず、人の期待や要求にひきずられず、人に頼らず、しっかりした自分自身の判断、信念、主張、要するに、『主体性』をもち、理性的に行動する人間といったほどのイメージであろう。さきに述べたように、日本人には、欧米人、少なくとも立派な尊敬すべき欧米人はこのような個人であるように見えるが、これは日本人が欧米人に貼り付けた幻想であって、そのような個人はどこにもいまだかって存在したことはないし、存在していないし、また存在しえない。言わば、日本人は自分の被害者意識からありもしない幽霊をつくり出し、その幽霊になろうとしたのである。

日本人の言う『近代的個人』とは、言ってみれば、対人恐怖に囚われた日本人のネガ、対人恐怖をもっていない人間のことである。たしかに欧米人は日本人のような対人恐怖をもっていない。この点で欧米人は日本人が空想している『近代的個人』のイメージに合致するが、日本人が見ていないのは、欧米人は対神恐怖をもっているがゆえに対人恐怖をもたずにすんでいるという点である。」（岸田秀『唯幻論序説』、講談社、二一六～二一七頁）

ただ、精神分析学を基盤にするとはいえ、自我論で人間の心＝認識のすべてを解明しようというのは無理がある。その無理を強力な思弁で貫き通そうとしているところに限界があるように思えてならない。一つは幻想と現実を区別しないということである。

それでは、現在の世界や日本における理不尽なる現実を見据え、その変革を期するという積極的な契機を見出すことができない。結局、現代人は不安なる自我を抱えて如何なる理想を追うこともせず、彷徨するほかなくなる。

現実は自我から独立した客観的現実ではありえない、となると岸田が一生懸命論じている自我、欲望、幻想という認識の諸要素はどこから発生、形成されてきたのかを語ることができない。やはり、そうした認識が客観世界の反映として生成してきたということは否定できない。そもそも、自我の形成は母親を対象とし、その自我を自らのものとする形で自らの自我を形成すると岸田は述べているが、それは自我から独立して母親の存在を認めている証拠ではないか。

夏目漱石を象徴的な存在とするような、近代日本人の「近代的自我」への接近努力の評価を根底からひっくり返したのはいいとしても、西欧の近代的自我への接近はたんに精神文化の面だけで言われたのではない。

政治、社会全般での、封建制ないし半封建制への抵抗、闘い、人権と民主主義と自由獲得の闘いとの関連も無視できないと思うがどうだろうか。その点で岸田の論はいかにも狭隘である。たしかに人権、自由、民主主義といった原理も、日本人にはいまだ遠い地平かも知れない。

しかし、これもあくまで、普遍原理と自我との矛盾の問題として捉えなければならい。百歩譲って、日本人の西欧式「近代的自我」への接近努力が無駄だとしても、これらの普遍的原理を日本の地に根付かせる努力が無駄になることはありえないのである。

また、岸田は、「欧米人は、自我の支えとしての神が揺らいでからは、神の後釜を求めて、真理、国家、理性など、次々とさまざまなものを漁らざるを得なかったのである。」(同、一三七～一三八頁)と述べている。そして、そうした「神の後釜」は、超越的なものから個人の身近なもの、さらに個人内部の欲望に自我の支えを求めるまでに至っている、とした。

[4] 重層的な階層構造を理解しない帰結

岸田が欧米人の自我の支えとして神から「神の後釜」への移行を語っているプロセスというのは、おそらく近代以降の欧米人のメンタリティの変化を語っているのであろう。ならば、繰り返しになるが、その「神の後釜」に自由や人権を欠落させるのは決定的な落ち度である。

現在、人権は国家の枠を超えた普遍的原理として、ますます世界の人々の心を捉えつつある。欧米人のではなく世界の人々のである。自我の支えが神や国家ではなく個人内部の欲望になったというのは、私に言わせれば、欧米人のわくを離れて全世界の人々の自我の支えが人権や自由に転化しつつある証左である。

もちろん、個人の欲望それ自体が人権ではない。しかし、人権意識の根底には必ず欲望、要求が潜んでいるのである。私はそのことを倫理的に批判してみても意味のないことだと思う。重要なことは、そうしたさまざまなる欲望の実現が合理的な社会規範と調和しさえすればいいのであって、それこそ人権の実現として正当化されるのである。

「かつて個人が生命を賭して守るに値した国家はすでにその聖なる栄光を失い、かつて真理を把握し、真理にもとづいて理想の世界を建設する指針を定めることができると信じられていた理性は、ヒトラーやスターリンが証明したように狂気と区別がつかなくなり」(同、一三八頁)と岸田は語り、いまや個人の内部に蠢く欲望こそ自我の支えとしてもっとも確かな実在であるとの結論を提示する。

だが、ヒトラーやスターリンが理性に依拠していたか否かはさておき、ファシズムやスターリニズムのような全体主義が崩壊せざるをえなかったのも、それらが人権抑圧の急先鋒であったうえに、そうした狂気の支配の教訓と反省が人権思想をいやがうえにも人類普遍の原理の座に押し上げたという事実を忘れるべきではない、と言いたい。こうしたところにも、歴史を自我論の文脈でしか見ない岸田の限界が露呈しているとは言えまいか。

世界は重層的な階層構造を成していることは既に述べた。とかく、個別科学で仕事をし、その概念、命題、用語を駆使して議論する事に慣れた学者、研究者が自らの専門外の事柄について論じると、その領域特有の論理を無視して、自らの専門の概念、命題、用語で解釈しがちである。

重層的な階層構造を理解しない帰結としてそういう仕儀になるのだが、その壊滅的な例は養老教授であり、岸田もその轍を踏んでいる。岸田は述べている。


「また、権力欲の強い者とは、自我が不安定なのは自分の権力が弱すぎるからだ、それが及ばない領域がまだあるからだと思っている者である。権力の不足を自我の不安定の原因と見るならば、全世界をおのれの支配下に収めている全知全能の神にでもならないかぎり、そのような原因はいくらでも見つかる。わが国の安全のためには朝鮮を確保する必要があるというわけで朝鮮を確保すると、朝鮮の安全のためには満州を確保する必要があることになり、次は満州の安全のためには北支を確保する必要が生じ、ついには大東亜共栄圏ということになる。ナチ・ドイツと大日本帝国が世界平和とアメリカの安全を脅かしているというわけで、ドイツと日本をやっつけると、間もなく北朝鮮が現われて世界平和を乱し、北朝鮮をやっつけると、自由と民主主義の敵、北ベトナムが目障りになる。」（同、二一〇〜二一一頁）

ここまで来ると白々しくなってこないだろうか。つまり、日本人の自我の安定を得ようとする現れとして、アジア侵略戦争と大東亜共栄圏を説明し、米国人の自我の安定化への要求が北朝鮮、北ベトナムとの戦争を生んだなどという議論である。学生運動華やかなりし頃に一部にそういう傾向があったが、運動の激発を青年の特有のフラストレーションの爆発として説明するようなものである。

養老教授にしてもこの岸田にしても、その専門外の事象についての彼らのおしゃべりにつき合うにはある種の諦念が必要であろう。

「最前線で活躍する科学者のなかには、高度な能力と緊張を要する研究業務の合間に、くつろいだ気分で教訓めいた言葉を発したくなるという人もいるでしょう。また、取り組んでいる学問を世に広めるために、景気のよいことの一つや二つ言いたくなることもあるでしょう。それはそれでけっこうなことです。しかし、そうした『週末の科学者』の発言は、——あたりまえのことですが——ウィークデイにおける彼／彼女の科学的業績とは別に検討する必要があります。」（前出、山本貴光＋吉川浩満『心脳問題』、五四頁）

この評言に付加すべきものはない。

〔5〕マルクス主義死すとも唯物論は死せず

養老教授の唯脳論や岸田の唯幻論を検討してきて、当然ながら、彼らのそうした論策が唯物論と観念論、唯心論といった人類哲学史的論題を意識してのネーミングであろうと誰もが気づくだろう。そこには率直にいって「唯物論ＶＳ観念論」なんて古いよ、といった彼らの嘲笑まで感じてしまう私である。

これは考えすぎかもしれないが、唯脳論や唯幻論が結局は主観的観念論の一種だ、などとステロタイプな言辞をはくつもりはないが、それではおまえはどういう立場なのだ、と問われるかもしれないので、少しく私自身の思想的位置というものを明かにしたい。

私は唯物論や弁証法、あるいは唯物弁証法がマルクス主義という思想とともに二〇世紀の遺物となるとは思っていない。こうした考えの根本を規定するのは、唯物弁証法とくに唯物論はきわめて常識的であり、こういってよければ庶民的ですらあるという私の偽らざる信条である。庶民はほんとのことを知りたがるではないか。ホントとウソを見分けること、これがいちばん確かな生活の方法であり、正しい人生の方向だということを誰も疑いはしない。

幽霊を見たという人がいても容易には人々は信じないし、心霊写真など面白がってはいても、たいていの人は眉唾物と思っている。一般の人々は「実在しないもの、幻想」をほんとうにあるなどということはウソだという常識を有しているのだ。

弁証法にしても、これは三浦つとむが強調したことだが、「急がば回れ」など諺には庶民の荒削りであるが素朴な弁証法的思考が盛り込まれ、伝承されてきた。世間にはお世辞というものがあり、人が言うことの形式とは矛盾した内容がかくされているということを人々は知っているのである。これもいわば弁証法的思考と言ってよい。

こうした庶民の唯物論や弁証法は世界観や科学的方法として洗練されたものではないとしても、唯物論や弁証法がきわめて普遍的な合理的思考方法であることの証左と言っても過言ではない。

一方、マルクス主義はどうか。ロシア革命からスターリン批判（一九五六年）までは、マルクス主義の無謬神話はマルクス主義者の間ではほぼ疑られることなく継続していたといってよい。当然、スターリン批判はマルクス主義の多様化を促した。その後の歴史をたどることが本稿の目的ではない。ただ、マルクス主義の多様化はマルクス主義の解釈の多様化につながり、「真の」マルクス主義を求める旅が始まったと言ってよい。

ロシア革命後の社会、すなわち旧ソ連を中心とする「社会主義体制」がほころびを見せるたびに、「真」のマルクス主義を求める理論活動は多様化と激しさを増していった。ハンガリー動乱、プラハの春の挫折、中国の文化大革命、カンボジア・ポルポト派による自国民二〇〇万人虐殺、ポーランドの自主労組連帯の運動、そしてペレストロイカに始まる旧ソ連・東欧革命と「社会主義体制」の崩壊、中国の「社会主義市場経済」への「発展」。こうした一連の歴史のなかに、北朝鮮の今後の展開もなにがしかの刻印を残すことになるであろう。

とにかくマルクス主義の歴史的実践は無惨な失敗に終わった。と同時に、マルクスが本来想定していなかった資本主義の未発達なロシアで、マルクス主義の極めて歪曲された理論を現実化していく苦闘が始められたことも事実であった。とはいえ、ロシア革命後の歴史的経験は無駄であったというわけにはいかない。

その核心はなにか。粛清や人権と民主主義の抑圧、歴史の偽造などなど政治悪の問題はもちろん深刻な課題をマルクス主義に突きつけたに違いない。しかし、私見では、そういった問題を割り引いて考えても、マルクス主義の基本思想が歴史の試練に堪えられなかったと言わざるをえないのである。

マルクス主義の基本思想とは、いうまでもなく私有財産を核とする市場経済を廃止することで人間解放の条件を人類は手にすることができるというものだ。しかし、結果はどうだったか。私有財産の廃止、換言すれば市場経済の廃止は人間の解放を実現しなかった。むしろ価値法則、需給法則によって生産と消費、配分をほぼ内在的に調整することを可能にする市場を欠く社会は、必然的に抑圧社会を招来したという厳然たる事実である。

なぜなら、市場経済を廃止した社会は、市場における経済法則のそうした基本機能を人間自身が担わざるをえず、膨大な官僚機構が不可欠となるのは避けられなかったからである。こうした膨大な官僚機構と一党独裁が「プロレタリア独裁」の名で融合すれば、社会になにをもたらすか。それを私たちは二〇世紀の歴史を通じていやというほどみせつけられた、と言えるだろう。

くりかえしになるが、元来、唯物論は大衆のきわめて健康な常識に根づいているということを強調しておきたい。大衆は真実を知りたいのである。警察は殺人事件が起こると、実際にどういう生活条件の因果関係があり、どういう実際の経路から現実にどのような殺人がおこなわれたかを調べるではないか。

誰も虚偽や幻想に依拠して生活したくない、たしかな事実に従って人生を歩みたいと思っている。自己の認識が実在している事実の真実の姿であることを望んでいる。それは、唯物論的認識への大衆の自然発生的要求と言ってよい。大衆の信仰心や宗教的習俗への依拠は、なにも肉体から離れて魂がふわふわと浮かんでいると本当に信じているからではない。それが生活規範と一体となっているからそれに従っているだけである。

その意味で物質が先か精神が先かといった教理問答や、マルクス主義というユートピズムから解放されるとき、唯物論は再び力強い科学の土台として活力と取り戻すに違いない。

三浦つとむが時枝誠記の言語過程説を唯物論的に改作して創造した言語論は言語現象についての極めて合理的な考察に立脚しているので、資本主義を肯定する人も否定する人も、さらに思想や政治に無関心な人にとっても貴重な理論的遺産である。唯物弁証法は、どのような時代になろうと、人間が現実的で合理的な認識を目指す限り不可欠な方法として発展していくだろうし、そうでなければならない。

私がマルクス主義死すとも唯物論は死せず、としたのもそのような意味である。

V
なぜ、小泉首相や石原都知事と通底するのか

養老教授が書き散らした新書の類を通覧すると、彼が「当たり前のこと」「まともなこと」として開陳する見解は驚くほど退嬰的保守的常識の域を出ないものだ。靖国参拝問題、北朝鮮難民問題、在日外国人問題、対アジア認識などで石原、小泉、外務省などの対応を追認し、追従するその姿は無惨の一語に尽きる。

「保守」というほどの原理もなく、定見がないのだと思う。定見がないので現在の体制側の傾向にひきづられているに過ぎない。彼が政治や、人権、民主主義、歴史認識といった問題について語りだすと、どこにでもいる保守的大衆の顔になるのだ。

［1］社会像はきわめて全体主義的

人間の心や言葉、都市と自然、共同体のことなど多岐にわたって養老教授は論じ語っている。しゃれた言い方も方々で散見できることを認めるのに吝かではない。しかし、ほとんどの場合、養老教授は答えを用意していないのである。養老教授は、ではいったいどうしろというのか。結局、養老教授は「人間であればこうだろう」と誰もが考える思考が普遍性を持つという。それはしかし、きわめて通俗的俗物的な常識論であって、決してヒューマニズムや人権論にまで昇華することはない。

なぜか。私はその根拠は彼の頓珍漢な「個性」論にあると見る。人間の脳、すなわち意識には個性がない、個性が宿るのは身体だという議論である。養老教授は、人間の「脳というのは、（中略）できるだけ多くの人に共通の了解事項を広げていく方向性をもっていわゆる進歩を続けてきました」（『バカの壁』、四二頁）と述べ、個性の尊重はそれに反するとの主張に終始するのだ。

なんという平板な社会認識であることか！　たしかに養老教授が言うように、脳すなわち意識が共通の了解を蓄積してきたことは事実である。言語規範一つとってもそれが言える。日本人の間では、どこにでもいてニャオを鳴く動物を「ネコ」という共通の名前で呼ぶ。こういう言語規範がなければ、日本社会は相互に意志疎通が不可能なバベルの塔になってしまう。

社会生活に一定の秩序を与える諸々の規範がなければ社会は解体し、人は無法な野性生活に戻るほかなくなる。その意味で、人が社会生活に適応し自立した大人に成長するためには、右に見た諸々の社会規範（規範を理解するためには当然言語規範の獲得が前提となる）を自らの認識内面に蓄積していかねばならない。

養老教授の言葉を用いるなら、「これこれのときは〇〇しなければならない」あるいは「〇〇のときは△△してはならない」といった共通了解（常識といってもよい）を心のなかに貯め込んでいくことである。

ここまでは養老教授は正しい。しかし、社会の構成メンバーのすべてが同じ共通の規範のみで行動するなら、たしかにその社会は安定するだろう。しかし、そういった社会は、パソコンの場面がフリーズするように停滞して動脈硬化を起こし、やがて衰退するしかないだろう。

事実は、社会を構成する諸個人は、社会規範を体系的に身につけながらも、それらに解消しきれない自己規範を保持しているものなのである。端的な例でいえば、社会は金によって何でも動いていくものだけれど、そうした商品論的価値規範をこえた理想、価値観を有している個人もいるだろう。男女の不平等社会にそれなりに適応しながらも、男女の真の平等意識を棄てない女性も多いだろう。

このように、諸個人は社会規範に解消されない個人規範、自己規範を多かれ少なかれ有するものなのだ。そしてそうした社会規範と自己規範が個人の認識内面でつねに葛藤しているからこそ、人には悩みがつきないのである。その葛藤を非敵対矛盾として実現していってくのが、社会適応というものである。しかし、それが矛盾であることは変わりない。

その矛盾が時に敵対的なものと化し、闘争が発生する場合もあろう。そして、そうした闘争の長年の継続の結果として、ある種の社会規範が後景に退き、あらたな社会規範が登場することもあろう。そのようにして、社会構造は徐々にか急激かは別として変動してゆくのである。社会変動といっても、社会という実体が自己変革を起こすわけではない。

社会が変わるためには社会を構成する個人（の集団）が、既成の社会規範に縛られない行動を起こし、あらたな価値規範を創造していかなければならない。もちろん、それが社会変動の唯一の原因ではないが、少なくとも既成の社会規範を越えた価値規範の創造なしにはいわゆる「社会の進歩」は不可能なのである。

社会規範の形成の問題を、養老教授はたんに「共通了解の拡大」というスタティックな思考で捉えることしか知らない。このような画一的な人間像では、たしかに個性の理論的な位置づけなどできない相談なのだ。だからこそ、養老教授は自らの解剖学的な知識を動員して、身体にこそ個性がやどるとし、脳、意識にはもっぱら共通了解を担う役割しかあたえないのである。

その結果、養老教授がどう弁解しようと、彼の社会像はきわめて画一的全体主義的な様相すら呈することになるのだ。そうなると、たしかに社会の構成メンバーは共通な語彙を操るが、しかし、各人がその時々の支配的な思想と異なった、あるいは対立しさえする思考と意志の自由を有することを、正当に認めることができなくなる。

意識に個性はない、個性は身体にあるのだ、「本当に思う存分『個性』を発揮している人が出てきたら、そんな人は精神病院に入れられてしまうこと必至」(同、四三頁)と、養老教授はいう。そこから、個性的な意識などもっていると精神障害者と見なされるのだ、などというおよそ合理的思想や人権の意識とは隔絶した暴論を帰結せざるを得ないのだ。

要するに悲しいかな彼は、社会の共通了解と個性とを水と油のように機械的な対立物としてしか理解できないのである。共通了解を有していれば個性は問題にもならず、個性を持っている人は共通了解を排除してしまうので、「精神病院に入れられてしまう」となるのだ。

養老教授の思想そのものが悪い意味でユニークな、そういってよければ「個性的」な部分を含むが、それは養老教授自身の個性的主張ではなくて、社会のすべての人々の「共通了解でなければならぬ」というのであれば、あまりにも馬鹿馬鹿しくてつきあってはいられない。

しかし、そうも突き放せない危険性を、養老教授の反「個性」論は有しているように思われる。現代社会や歴史を適切に評価したうえで、問題を発見しその解決についての道筋を提示するためには人権の視点が不可欠である。養老教授のような発想では、このような視点には到達しえないのである。

これまでの論述でご了解いただけると思うが、私に言わせれば、個性とは意志の自由を起点としたその個人独自の生活規範、行動規範の体系以外ではない。まさに個人の尊厳や人権はこうした個性を前提する。

養老教授のように、個性は意志を担う脳ではなく身体が担うと決めつけたのでは、「個性」あふれる養老教授の著書は彼の脳、認識の表現ではなくて、身体の表現なのか、との反論に答えられないだろう。それだけではない。個性を人間の脳、認識の問題でないとすることで、養老教授は、人権思想を判断の基準とする道を自ら原理的に塞いでしまったといえる。

したがって、養老教授が判断基準にしているという「人間であればこうだろう」との発想も、まったく保守的大衆の繰り言の水準を出ないような議論に終始することにならざるをえないのである。

すでに彼の脳構造論の危険性について指摘したが、それは容易に保安処分容認論まで至り着く。まず、養老教授は、扁桃体という善悪の判断をする部位が行動へのアクセルで、前頭葉がブレーキだという例えを出す。衝動殺人は前頭葉というブレーキがきかないため、さらに連続殺人は扁桃体というアクセルの踏みすぎの結果などと言う。

このように、脳の解剖学的構造の分析を人間の行動解明に直結させると、人間の行動が自動車の走行と同一視されてしまうのである。自分の脳をしらべたあるイギリス人は、「自分は連続殺人型だ」としていたが、犯罪への旺盛な関心から扁桃体のアクセルを研究へと方向づけたので、連続殺人犯にならずにすんだ、などという。これなどほとんど恣意的な雑談の類である。

しかし、「宮崎勤みたいな犯罪者が今後現れるかどうかわかりませんが、出ないとは限らない。すると、同じような脳の持ち主に対して、警告したり、再教育したりすることが出来る。あえて言えば、見張ることも出来るのです」（『バカの壁』、一五二頁）という発言を読むと、とても看過はできない。これでは保安処分政策の応援団長のような役割を担わせられかねないからである。

[2] 対アジア認識の無知と貧困

彼が人権の思想と無縁なのは、その歴史認識を見れば一目瞭然である。とくに養老教授の対アジア認識はお粗末の一語に尽きる。たとえば、石原東京都知事の外国人排斥の宣伝にほぼ同調する立場を表明し、その「第三国人」発言にも共鳴している。自分が被った被害の犯人を確かな証拠もなく、「国内専門の泥棒が犯人とは思えない」（『まともな人』、中公新書、一〇六頁）などという。

また、来日中国人が犯罪に多くかかわっている、との決めつけで、中国人の来日を制限しろ、という。「乱暴にいうなら、ほとんど鎖国をしてしまえばいい。韓国、北朝鮮の人たちにとつては、歴史上の問題がある。しかし中国人についてはそういう問題はないはずである」（同、一〇八頁）などともいう。

韓国、北朝鮮との歴史上の問題というのは植民地支配のことだろう。しかし、中国人についてはそういう歴史問題はない、と言い切る無知、無神経は驚くばかりである。これは彼の靖国神社への肯定的態度と符号する。養老教授にとっては、中国への日本の侵略戦争や南京大虐殺などはなきに等しいということか。

さらに北朝鮮難民についても、瀋陽での脱北者の日本総領事館駆け込み事件における「追い返せ」との阿南大使の発言は「筋が通っている」とし、「日本人は追い返せというに決まっている」（同、一三五頁）と言っている。

この反動的な感覚が平均的日本人の常識とは違っていると思いたい。彼が人権思想をまじめに考えたことがないというのは、こういうところにも現れている。しかも、阿南大使が「追い返せ」という必要がない可能性もあるとして、その理由に、北朝鮮人も「日本人」であるかもしれないから、などという。

それは北朝鮮帰還者のなかの日本人配偶者のことではない。「阿南大使の父上の時代には、北朝鮮は地図の上で赤く塗ってあったではないか」という。共産主義の赤ではない。日本領土を示す赤だ。つまり、日韓併合後、植民地の民であった朝鮮人は「日本人」だった。だから北朝鮮難民も日本人かもしれない、などという神経をどう評価すべきか。言葉もない。

このような対アジア認識だから、靖国神社公式参拝問題の本質をつかみ損ねるのも当然である。「靖国神社は戦前の侵略主義の象徴だとか、A級戦犯を合祀したのがいかんとか、すべて要らぬ理屈です。戦争の犠牲者をみんな祀っていますと、ただそれだけで充分だ」（『諸君』、04年3月号）「私は常々いう通り、首相の靖国参拝大いに結構、どんどんやってください、むしろやらないほうが困る、という考え方です」（同）

養老教授は、死者になれば生前にどういう立場であろうとそんなものはどうでもよくなる、といったことを述べている。彼には、日本が明治維新以来、どのような犠牲をアジアの諸国民に強いたか、そうした支配と侵略のなかに靖国神社がどのような客観的な機能を担ったかといった問題に誠実に向き合おうという姿勢がない。養老教授はこうも言っている。

「この前の戦争の死者を弔う。それなら私はやはり靖国に行く。死者には中国人も含まれ

ている。そう私が考えて靖国に詣でて、なにが悪いのか」(『まともな人』、一九九頁)

養老教授は、中国人などアジア人も靖国に合祀されているのだから、戦死者を弔うという単純なことが何が悪いのか、と言いたいのだろう。しかし、それは大日本帝国の植民地支配や侵略の犠牲になったアジア人たちの心を足蹴にするような発言でしかない。

養老教授はそこに合祀されているアジア人の遺族がそのことをどう受けとめているか、ということについて考えたこともないのであろう。結論から言うと、多くのアジア人遺族は靖国への合祀を「屈辱」と感じているのだ。

二〇〇一年八月一三日の小泉首相による靖国神社公式参拝に対して、全国五か所(大阪、福岡、松山、東京、千葉)の地方裁判所で小泉首相靖国参拝違憲訴訟が提起されている。各訴訟団の原告は、戦争遺族、宗教者、市民、戦争被害者ら約二〇〇〇人以上になり、靖国訴訟としては最大規模となっている。その半数が、在日・在韓・在米の韓国人や中国人である。

二〇〇二年八月に来日した台湾の遺族が、靖国神社を訪れ、合祀の取り下げを要求したが、靖国神社は拒否している。「高砂義勇隊」として兵隊にとられた叔父を持つ張雲琴華は「(叔父たちは)以前も今も日本人ではなかったのです。以前は、日本名をつかわせられていたのであって、心から日本人になりたかったわけではないのです。私たちは、日本人ではありませんから、ここに祀られたくありません」（雑誌『人権と教育』37号所収、山内小夜子「死者は誰のものか?」より）と述べている。また、次のように怒りを露わにしている。

「いったい日本人はどういう気持ちで、靖国神社を拝んでいるのですか?私たちの民族を無残に殺害したのに、今になって、それを拝んでいる。どういう気持ちで拝んでいるのですか?」（同）。

彼らと交流した山内小夜子は「私はどう返事ができるだろうか」と自問しているが、養老教授はどう答えるのか。

彼は、さまざまな社会的政治的問題群に軽口よろしく口出ししながら、しかも定見がない。元来が解剖学という自然科学の徒であったという政治的中立性の装いがありながら、いくつかのトピックには決まって体制密着型の安易な発言に終始するのである。とくに靖国参拝問題などについての養老教授のこの種の発言は有害きわまりないというしかない。

[3] ワンフレーズ思想としての『バカの壁』

人々が本を読まなくなったと言われて久しい。ところが、二〇〇三年頃から現在までの養老本の売れようは、文字離れの時代に特筆すべき現象である。とくに新潮新書の一冊として上梓された『バカの壁』は二〇〇四年六月現在で三六〇万部を越えた大ベストセラーとなった。小説・文学ではなく、論説・評論の分野では近年にない珍事といえよう。

この養老ブームを前にして世間の反応はどうか。もちろん、鼻持ちならない賛辞はいつの時代にもある。『バカの壁』と『死の壁』（新潮新書）を念頭において呉智英は言う「養老さんの両作品には、彼の知性やこれまでの研究成果が、凝縮して収められている。また、養老さんを知らなかった人には、彼の存在が新鮮で、プラスに働いたのだろう」（『サンデー毎日』04・6・6）と。

しかし、養老教授の知性は彼の専門にかかわる領域に限局されるのであって、たとえそれが彼の「自然科学に立脚した哲学」（『AERA』04・6・14）などと褒めちぎる向きがあろうとも、その「哲学」に定見といったものはない。一元論を批判するが、多元論を主張するのでもない。「こういったからと言って、私が正しいと思っているわけではない」式の責任回避の逃げ道を至る所に設けている。

既述のように、都市化を「脳化」と称して田舎と対比したうえで、都市＝人工を否定し、田舎＝自然を持ち上げる。環境破壊は都市と比肩しうるほど田舎でも進行しているのに、環境問題へのアプローチは田舎＝自然賛美という能天気な結論しか用意していない。

情報と人間を対比し、「情報は変わるが人間は不変だ」という「常識」（そんな常識がどこにあるのだ！）に「変わるのは人間で、情報こそ不変だ」という荒唐無稽なテーゼを対置し、執拗にこだわる。

心、意識に個性などなく、身体にこそ個性が宿るなどという議論はお愛嬌としても、情報は不変か否かなどということは情報の定義によってどうにでもなる問題であろう。むしろ、情報はそれが真実を反映しているか否かこそ問われるべきなのに、養老教授はそういうことに一向に関心がない。

また、彼は共同体論がお好きなようで、味噌も糞も一緒くたに「共同体」の名を張り付けたがる。しかし、どんな共同体が理想あるいは望ましいのかなどという重要問題についてはいっさい語らない。したがって、古き共同体回帰論かどうか判然とせず、そうかといって、理想の共同体を提示する社会変革論でもないのである。

養老教授は、東大医学部時代、はみ出し教師よろしく「ウマの骨とシカの骨を並べて『馬鹿』を作ってみせたり、教授会に漫画を持ち込んだり。事務局へ出すべき書類を『去年と一緒だ』と提出を拒んだこともあった」（前出『AERA』）。

ここまで来てハッと思いつくのは変人養老教授は変人総理の小泉純一郎と通底するものがありはしないか、ということだ。彼、小泉のワンフレーズ政治については語り古された感があるが、「構造改革なくして景気回復なし」といった類の俗耳に入りやすい一言を、ごまかしとはぐらかし、居直りの発言でつなぎながら、執拗に繰り返す。

養老教授も、自らの理論を細部から全体にわたって論理構造として提示するのではなくて、先述したような主張をワンフレーズ思想でつなぎながら執拗に反復する。政治家のワンフレーズ政治は大衆民主主義時代の悪弊という点で、現代では不可避の側面もなきにしもあらずであろうが、学者あるいは理論家がワンフレーズ思想ではどうしようもない。論理的説明の体をなさない養老節の頂点にあるのが、例の「バカの壁」という発想なのだ。

［4］特権意識と過激な社会防衛論

現代日本の養老現象の源になった著作『バカの壁』には実は前史と呼べるものがある。養老教授の初期の作品で、私が接した養老教授の書のなかで、唯一、読むにあたいするとの感蝕を得た『形を読む』（培風館）がそれである。『形を読む』は養老教授の専門である解剖学に密着しつつも、平易な語り口でこういう一種の辛気くさい世界に誘ってくれる好著といってよい。

しかし、その本には初めて「バカの壁」という言葉が出てくるのだ。いわく

「情報の伝達という面から、自然科学で起こる最大の問題は、じつは情報の受け手が、馬鹿だったらどうするか、というものである。相手が馬鹿だと、本来伝達可能であるはずの情報が、伝達不能になる。これを、とりあえず『馬鹿の壁』と表現しよう」（五一頁）

これはなんのことはない。養老教授の専門は解剖学であるが、そうした自然科学の一部門の専門知識や独自の論理、用語などが分からぬ「情報の受け手」を「馬鹿」と罵倒しているにすぎないのである。

知的な作業にどれだけの時間が割けるのかについては、学問が自らの生業である人間とそうでない人間とでは、決定的な差が出てくるのは言うまでもない。養老教授は、長年、知的な探求に多くの時間を割くことが可能であった人生を歩んできたはずだ。

自らが学問で飯を食っていけるということが、ほとんどそのような時間を取れない膨大な人々の労働を含む社会的分業に支えられていて可能だという社会認識と責任意識があれば、自らの学問情報を理解できぬ受け手を「馬鹿」などと言えぬはずだ。

学問、とくにアカデミズム世界の学問もしょせん精神労働と肉体労働の分岐を含む複雑多岐にわたる社会的分業の一肢として成り立っている。分業の一肢という点ではさまざまな専門的労働と同様であろう。一般市民がコンピュータに無知であったとして、それをコンピュータ技術者は「馬鹿」と罵倒するだろうか。

養老教授の先の発言はアカデミズム学者たちの常識的な物言いかもしれないが、その社会認識の貧困と特権意識のうえに居直った傲慢さを指摘しないではおれない。繰り返しになるが、個性は意識ではなく身体にあるとしながら、スポーツのスーパースターのみをこれぞ個性的な身体として代表させたり、犯罪者の脳を調べ、そのデータにもとづいて若者の脳をタイプに分けて教育せよ、と語る養老教授。その保守的特権意識、能力差別主義、過激なばかりの社会防衛論は、学者の能天気などと言ってはおられない危険性を感じざるをえない。

フランシス・フクヤマといえば、『歴史の終わりと最後の人間』で物議を醸したが、二〇〇二年に刊行した『人間の終わり』（ダイヤモンド社）では情報テクノロジーとバイオテクノロジーが人間社会に決定的ともいえる影響力を与えるとしている。それを受けて、フーコーやドゥルーズなどに依拠しつつ、山本貴光らは、規律型社会からコントロール型社会への移行の問題と捉え返している（前出『心脳問題』）。

つまり、たとえばＡＤＨＤで問題になる症状は、従来では親のしつけによる規律確立（の失敗）の問題、内面の問題、性格形成の問題とされていたのが、それが「脳の機能障害」とされることで、社会制度と薬物によるコントロールの対象となる、というのである。

換言すれば、旧来の国家や社会における規範の内面化による規律形成にとって代わって、社会のメンバーの内面ではなく、テクノロジーによる情報管理によって外面的にコントロールするという。山本らはこうした「趨勢」に対して明確な価値判断は提示していないが、これが前述したような社会防衛論や優生思想と結びつくとき、新型で柔構造のファシズムをもたらしはしないかと恐れる。養老教授が犯罪者の脳を調べろ、それをデータ化しろという主張は、障害児を産まないための胎児診断を認めろとの主張と通底するだけでなく、排除や差別を機動的に遂行する情報管理体制の形成にもつながりかねないのである。

余談だが、都市と田舎、人工と自然を対比し、さかんに都市が自然を疎外してきたと言い募り、田舎の労働を賛美してきたのは養老教授である。しかし、自然科学を含むあらゆる学問は都市化なしには成り立たなかったのはいうまでもない。現在でもそういう構造に変わりはない。

そうした学問の出自への自省にたったうえでの自然＝田舎賛美であるなら、自らが学問で飯を食ってきた事実に対するなんらかの釈明があってしかるべきではないか。ましてや先の「馬鹿」発言などはありえないはずではないのか。

もちろん、養老教授にそうした釈明など期待すべくもない。それ故、学問・科学と都市化との密接不可分な関係をちゃっかり無視する養老教授の都市・自然対極論などに、どれほどの説得力があるだろうか。

養老教授も認めている通り、情報の凝縮拠点である都市の存在形態をどう文字通り止揚するかの課題を置き去りにして、「自然に返れ」などと言ってもなんの意味もない。自分が田舎で虫取りをすることが生き甲斐だからという事実は、養老教授の論理的陥穽をいささかも救いはしない。養老教授はルソーの自然賛美が学問の強烈な自己批判を前提していたことを想起すべきであろう。

養老教授は東大闘争と全共闘運動が盛んな頃、医学部の助手をしていた。東大闘争では「完全に中立」（『養老孟司の〈逆さメガネ〉』）であり、大学当局と全共闘側が「喧嘩両成敗」（同）すべきであった、と述べている。

東大闘争後の状況で苦労した話など、とりとめのない体験談を披露しているが、この闘争や全共闘運動についての思想的評価の片鱗など微塵もない。繰り返しになるが、要するに定見がないのである。

私は、一言で言って全共闘運動は学問の特権性への根底的な自己批判であったという一点で、今日でも評価しうるし、なるほど右に見たような養老教授の学者としての日常感覚では決して理解できない運動であったと思う。ただ、民主主義への軽視と蔑視、一部にあった暴力信仰、安易に政治運動と結びついたことで挫折したのだ、と考える。そのことが学問批判の思想・文化運動として持続可能性を追究する道を自ら閉ざしてしまったのである。

［5］現代人の病理を合理化

養老教授の「馬鹿の壁」論に戻る。『形を読む』は都市・自然対極論を提起した『唯脳論』以前の著作であり、以上のような私の批判は一種の遡及処罰のような無理があるかもしれない。ただ、彼の「馬鹿の壁」発想は微妙な変身を遂げつつも維持され、ついに『バカの壁』に至り着く。

『形を読む』における「馬鹿の壁」論は、赤裸々な大衆蔑視の吐露でしかないが、知的エリート仲間での「情報伝達の困難性」については、まだ謙虚な姿勢をしめしていたのである。彼は「私などは、違う分野の人と話すと、年中腹を立てている。相手もそうかもしれぬ。それには、根気よく話し合うしかない」と述べていた。ところが、時は二一世紀、「馬鹿の壁」は「バカの壁」となり、思いもかけぬ変身をして再登場した。

産業文明の爛熟と退廃を過程しつつある日本社会がさまざまな分野、局面で人間的緊張の激発とストレスを蓄積し、人々は人間仲間から逃避し内向することで仮初めの安穏を得るといった状況が進行していたことは誰もが認めるところであろう。政治・社会運動の衰退と政治的無関心が常態と化していたのは、そうした全般的閉塞と人間的空洞化のほんの一徴表にすぎない。

ＩＴ革命とグローバリーゼーションは、そうした状況を抗いがたい力で助長し、拡大した。人間的コミュニケーションのいっそうの希薄化は、その不可避的な帰結といえる。人間と人間の濃密な絆が喪失し、若者の多くは口角泡を飛ばして天下国家を論ずることを避けるようになった。

しかし、それが負い目としても残った。それではいけないと思う人が少ないなかで、それでいいんだ、という退嬰的な癒しの理論が現れた。「バカの壁」があるから議論の必要なし、各人の間には「バカの壁」があって「話せば分かる」というものではない。話さなくていいんだ、という理論が。

この「バカの壁」論の陥穽については、すでに詳しく述べたので繰り返すことはしない。ただ、いくつかのことを補足しておきたい。「バカの壁」を立てて自らのコミュニケーション不全を合理化するとしても、それでほんとに沈黙の喜びに浸っているわけではない。

話しても分からない相手と自己との意志不疎通を、相手が「バカ」だから、と見なす思惟構造は、専門知識のない相手を馬鹿と決めつけた元祖「馬鹿の壁」論者である養老教授の元来の思惟構造と通底する。

すなわち、「バカの壁」で「癒され」つつも、多くの人々は自己主張したいのである。だが、自ら名乗り出て自らの責任において討論する意志はない。しかし、できるなら「バカの壁」をつきやぶって向こうにいるバカに自らの正しさをぶつけてやりたい。そうした一筋縄ではいかない矛盾に満ちた意識が日本の大衆社会に沈殿しつつあったのではないか。私たちは、そうした暗いフラストレーションが小爆発する現象に矢継ぎ早に逢着した。

イラクの地で対米抵抗勢力の人質となった日本人の家族に対するメールやファックスでの一方的攻撃は、日本社会のコミュニケーション不全を逆に証立てている。自らの責任意識にもとづいて公然と討論することは民主主義の基本条件である。にもかかわらず、名前も立場も明かになっている人々の言論が気に入らないからといって、自らは安全地帯にいて匿名で攻撃するなどというのは討論でもなんでもない。

また、本年（二〇〇四年）五月二二日、小泉首相の再訪朝の成果に関して疑問や批判を提起した拉致被害者家族連絡会に対するメール、ファクスなどでの攻撃も異常であった。日本社会のコミュニケーション不全が、民主主義や人権を危うくする方向での「世論」の組織化に有利に作用しかねないところのまで深刻化していることに、私は愕然とせざるを得なかった。

自らの意見とことなる相手を闇討ちする。そのことで鬱憤を晴らすなどという劣情に、『バカの壁』といったネーミングが大いに訴えるものがあったのではないか。

今年（二〇〇四年）の六月、日本の事件史上例のない悲惨な事件が起こった。長崎県佐世保市で、小学校六年生の女児が同級生である女児の首を切り裂いて殺害したのである。インターネット上の書き込みで悪口を書かれたのを恨んで殺したと、その女児は供述している。

討論などと大げさに言う必要はない。しかし、これなど口げんかすれば済むような些細なトラブルでしかない。ネット情報社会というものは、旧来の言語コミュニケーションの性格をきわめてドラスティックに変えつつある。電話での会話も含めて音声言語の会話は瞬時の一過性を特質としている。良くも悪くも言語の粘着性というものがあまりない。

そこでは批判も多くはその場限りで忘れ去られていく。相手の表情や振る舞いのなかで悪口も中和されたり、互いの応酬で感情が激発するとともに浄化されたりもした。言語コミュニケーションが非言語表現としての感情のやりとりをも可能にし、それなりに強くもあり、しなやかでもある人間関係形成の基本条件を満たしたともいえる。

電子メールやネットでのチャットは、そうしたこれまでの言語コミュニケーションの肉感性という貴重な要素をほとんどそぎ落としてしまう。チャットやメールでの非難は、それを緩和する眼差しや表情、手振りなどがまったく無と化した砂漠のような画面上で、過度に研ぎ澄まされた文字通りの攻撃として固定化される。

これも、過ぎたるは及ばざるごとし、といったたぐいのコニュケーション不全なのだ、と思う。いい高校、いい大学へ行くための手段化した小中学校教育という「疎外された学習」の重圧のなかで「子どもの世界」が解体し、漂流する子どもたちにとってIT化がどのような影響を及ぼすか、見せつけられた思いがする。これも今次の「女児チャット殺人」の一因ではないか。日本のIT化が子どもたち、ひいては日本人全般に歪んだ影響を及ぼしつつあるシンボリックな事件と言えよう。

求められているのは、あきらかに人間的コミュニケーションの復権と人間存在の社会的本質の自覚化、自立した市民の世界的な、そして地域での連帯の形成なのである。それなしには「人間の顔をした」情報化、人間を幸福にするグローバリーゼションなど不可能であろう。

養老教授の『バカの壁』が大ヒット商品となったのは、ヒット商品であることが必ずしもその商品の品質の保証とはならない点で、言論市場のありふれた事実にすぎない。しかしそれは、現代日本の社会意識をおおう内向性、退嬰性、無力感というものに警鐘を打ち鳴らすべき思想の課題に資するどころか、それらを合理化し、より昂進させるものでしかないことを示している。

あとがき

「養老孟司批判をやってみないか」。社会評論社の松田健二さんから、おもむろに声をかけられたのが、本書執筆のそもそもの出発点であった。障害者問題にかかわる市民運動に、主として、研究活動の面で参画してきた私には、〝ベストセラー作家〟を批判するなど荷が重いという気分の一方で、率直に言って渡りに船との思いもあった。

というのは、例の『バカの壁』の「論理」が内包する、社会的弱者、マイノリティ排除の思想に対して、私自身すでに拒否反応のただ中にあったからである。

バブル崩壊後の日本では、豊かさへの幻想が色あせたうえに、小泉「改革」なる野蛮なる資本主義導入という反動も加わって、少数の「勝ち組」と大多数の「負け組」への国民の分裂が顕著になったと言われている。大衆の広範な鬱屈感といった「空気」の支配が、社会の不合理や理不尽さを理論的に分析し、公然たる討論を通じて問題解決の道筋と求めるという根気のいる営みを、白い目で見たり、白け顔で無視するという退嬰的な気分を醸成していることも否定できない。小泉首相の不誠実きわまりないワン・フレーズ・ポリティックスが半ば容認される所以である。

問題を感じたり、異なる意見と遭遇しても「バカ」と罵倒して、退路に急ぐほうが楽なのだ。「話せばわかるはウソ」のキャッチフレーズで登場した『バカの壁』が一時的にしろ日本を席巻した理由もこうした「空気」にあるのではないか。出口のない大衆の鬱屈感とコミュニケーション不全が結びつくとき、社会的弱者やマイノリティへの攻撃が強まるのも予想されるところだ。

しかも、本書が明らかにしたように、多くの問題性を孕む『バカの壁』をはじめとする養老教授の言説への論評がほとんどないのも奇異ではないだろうか。養老教授本人や『バカの壁』との間に、言論界そのものが「バカの壁」を築くなどのことはあってはならない。その意味で本書は、この異常な無風状態への異議申立てでもある。また、本書への読者の皆さんの忌憚のない批判を期待したい。それが公然たる討論への契機となれば幸いである。

さて、本書における「批判の武器」はというと、人間の認識と言語、さらに人権についての、私なりの研鑽の過程で得た論理と方法である。本書で詳説したように、言語論的分析は、故三浦つとむの言語過程説にもとづくものである。

また、「現状分析研究会」以来の理論上の大先輩であり、「障害者の教育権を実現する会」の活動でも、そのリーダーシップに感服しつつ協働してきた津田道夫さんの認識の理論に依拠して、養老批判の視座と論理を導き出したことを明らかにしたい。津田さんの『実践的認識論への道』（論創社）、『イメージと意志』（社会評論社）はもちろん、『イメージと科学教育』（平林浩さんとの共著、績文堂、04年11月刊行予定）を原稿段階で参考にさせていただいた。この場を借りて謝意を表させていただく。

松田健二さんには、本書の全体構想の段階から、鋭いサジェスチョンを頂いただけでなく、章別編成や叙述の細部までにわたって、細やかな配慮と提言を賜った。あらためてお礼申し上げる次第である。

二〇〇四年八月一二日

柴崎　律

参考文献（養老教授の著作は除く）

山本貴光、吉川浩満『心脳問題―「脳の世紀」を生き抜く』（朝日出版社）、津田道夫『実践的認識論への道』（論創社）、同『イメージと意志』（社会評論社）、ローヤー木村『リコウの壁とバカの壁』（本の雑誌社）、時枝誠記『国語学原論』（岩波書店）、三浦つとむ『弁証法とはどういう科学か』（講談社）、同『日本語はどういう言語か』（講談社）、柴崎律『心から言葉へ―現代言語学への挑戦』（論創社）、エンゲルス『自然の弁証法』（大月書店）、武谷三男『物理学入門』（季節社）、同『弁証法の諸問題』（到草書房）、同『現代の理論的諸問題』（岩波書店）、坂田昌一『新しい自然観』（新日本出版社）、アインシュタイン『わが相対性理論』（柏揚社）、中村誠太郎『現代物理学の世界』（講談社）、シュテーリッヒ『西洋科学史』（社会思想社）、岸田秀『幻想の未来　唯幻論序説』（講談社）、正村公宏『産業主義を越えて』（講談社）

柴崎　律（しばざき　りつ）
1949年、大阪に生れる。中央大学法学部卒業。「障害者の教育権を実現する会」の運動に参加するかたわら、認識論、言語論、人権論の研究に携わる。
著書に、『心から言語へ——現代言語学への挑戦』（論創社）、『知恵おくれと自閉』（社会評論社）などがある

養老教授、異議あり！——『バカの壁』解剖診断
2004年９月15日　初版第１刷発行

著　者——柴崎　律
発行人——松田健二
装　幀——桑谷速人
発行所——株式会社社会評論社
東京都文京区本郷2-3-10　電話03（3814）3861　FAX03（3818）2808
http://www.shahyo.com
印　刷——ミツワ
製　本——東和製本

ISBN4-7845-0610-1